Insoumission

Rudy Ricciotti

INSOUMISSION

Albin Michel

Au complice Patrick Chamoiseau !

« Libérons-nous de l'Occident qui ne nous aime pas et ne nous veut pas. Tournons le dos à l'Occident qui chaque jour davantage se stérilise, s'infecte et se déshonore en asservissements et injustices obstinées. »

Gabriele D'Annunzio

01

PROVOQUER LE RÉEL

Depuis quelques années, la construction d'une maison devient plus difficile que d'entreprendre la descente de Notre Dame de la Garde à bicyclette sans frein avec trente magnums de châteauneuf-du-pape sur le dos. Il n'y a pas si longtemps, j'y ai consenti par amabilité plus que par défi sportif. Le terrain à bâtir n'était pas loin de mon agence, et le client semblait moelleux, quasiment sucré. Je devais être dans un jour heureux, égaré par la promesse d'un imminent dîner de chasse, en envisageant la demande la plus capricieuse avec l'optimisme du ravi de la crèche. Malgré une réputation sardonique, par goût du gibier et de la controverse, je sais être docile !

L'empathie présente cependant des limites. En l'occurrence, le client manifestait une angoissante monomanie pour les sanitaires et les placards, ce qui a eu pour effet de subitement crisper mes intestins, éclipsant mes bonnes intentions d'un charitable crochet du droit. Je suis trop vieux pour ce genre de facéties névrotiques et pour le tapin !

La maison correspond souvent à une première commande, un passage obligé pour un architecte communiant. Je m'y suis éreinté il y a une quarantaine d'années mais je conserve le même sentiment : « tapiner » comme apprentissage d'un destin ! C'est-à-dire « séduire » au sens où Diderot l'emploie dans *La Religieuse* (faire tomber dans l'erreur par le discours).

À moins d'être le Facteur Cheval, un architecte n'a pas vocation à construire pour lui-même. S'il l'accepte, sa mission est de subir. Encore faut-il qu'il y ait acclimatation des ambitions pour actionner l'imagination. Concernant la maison, des sanitaires aux placards, même mes assistants ont fini par jeter l'éponge, pourtant motivés pour sauver « le soldat Ryan ». Ce client-là aura ainsi successivement martyrisé trois architectes pourtant compréhensifs… qu'il aura transformés en loups carnivores. Le danger peut se cacher derrière chaque porte de placard…

On peut aimer – ou pas – le château de Neuschwanstein, ovni néogothique rêvé par Ludwig II de Bavière pour honorer son idole Richard Wagner, c'est kitsch, emphatique jusqu'à l'improbable, porté par un désir halluciné sous l'effet de substance psychotrope – et je comprends parfaitement que des architectes aient pu être séduits, toute ivresse rend heureux. Je comprends moins ce qui a pu passer par la tête du malheureux qui s'est commis, en obéissant à une belle femme, à ériger cette confiserie rose déparant l'île de Majorque : la villa de Claudia Schiffer, temple du vide imbécile. Indigestion régionaliste avec carapace de tuiles canailles et meringues à la nage ; butinage salace de revues de déco avec toit végétal par-ci, pigeonnier par-là ; paranoïa active avec baies vitrées étriquées, culpabilisées et craintives, le loup aime la blonde… Fusionnez l'ensemble et vous engendrez une nécrose architecturale certifiée et un loup édenté.

User de son temps pour dessiner un arsenal de caprices et phobies, entreprendre un chantier dans l'évidence de l'échec à venir, autant d'exploits dont je ne me sens pas capable. Je me souviens aussi pour Saint-Tropez de l'attente d'un guitariste du groupe de rock U2, une villa de style « Art déco postmoderne, provençale, italienne et minimaliste »… Une aliénation que même par injection intraveineuse au pastis prohibé je n'aurais pu surmonter.

Les architectes ont besoin d'un minimum de croyance. Sinon par le désir du maître d'ouvrage, du moins par une liberté d'action.

En 1937, l'écrivain Curzio Malaparte missionne l'architecte Adalberto Libera : « Faites-moi une maison comme moi. » Un défi de taille ! Augmenté d'obsessions propres de l'auteur à l'image de l'escalier monumental de l'église du village hérité de son exil politique et en taule avec vue sur mer sur l'île de Lipari. Tous les passionnés du *Mépris* de Godard se souviennent de Bardot, bouleversante, descendant les marches de la Casa Malaparte en peignoir éponge jaune, suivie d'un Piccoli qui sent croître la trahison sous son chapeau noir. Les marches de Lipari transcendées à Capri, à leur façon, mènent aussi au divin – en fait d'église, un horizon radical, mythifié par la voracité de la mer. Cet escalier, Malaparte l'a rêvé, Libera l'a réalisé. Le résultat touche au sublime. La mémoire de son emprisonnement par Mussolini n'aura retenu que l'escalier de l'église d'à côté. Le châtiment consécutif à l'écriture de *Monsieur Caméléon* valait finalement la peine d'être vécu !?

Dans un registre moins envoûtant, Albert Speer, architecte appliqué, se met à l'écoute de la folie mégalomane d'Hitler. À son service, il dessine d'abord Germania, le plan d'urbanisme de Berlin, aussi délirant dans sa démesure que savant dans sa conception. Par la suite, la paranoïa étant contagieuse, Speer lui suggérera des locomotives en béton pour ne pas épuiser les réserves du Reich en acier. Hitler lui-même n'y aurait pas pensé... Ni Germania ni les fameuses locomotives ne verront jamais le jour. Mais, en définitive, la rencontre du criminel nazi et de l'architecte fonctionnait ; sous Lénine ou Staline il en était de même, sous le régime de Vichy aussi, avec Le Corbusier, héros de l'architecture française. Ainsi l'on comprend pourquoi l'antisémite heureux de la défaite française en 1940, courtisan de Pétain, est inexorablement divinité intouchable de tous les professeurs des écoles d'architecture en France. On peut apprécier l'œuvre mais ne pas être autiste comme le sont les enseignants en refusant de dissocier pensée politique et production architecturale. La contamination de l'architecte par la folie du client est un très vaste récit anthropologique !

« Le maître de l'ouvrage devrait toujours avoir en lui un prince qui sommeille », disait Fernand Pouillon, architecte maudit à qui je voue une admiration sans réserve. « Même pour faire un collège technique, il faut un prince », ajoute-t-il. Je fais mienne cette formule magnifique. Ce qu'il entend par « prince » ? Un commanditaire éclairé porté par un désir et une vision assumés. Cette vision peut tenir en une poignée de mots : « Faites-moi une maison comme moi » pour un commanditaire privé ; « un quartier où les pauvres gens vivront heureux dans la bienveillance » pour un commanditaire public éclairé. Telle fut justement la commande passée à Fernand Pouillon par le maire d'Alger Jacques Chevallier, dans les années 1950 : construire pour les pauvres des bidonvilles algérois de généreux logements dans un délai court, et au moindre coût. Ce triple défi allait comme un gant au grand Fernand, qui exécuta avec maîtrise sa mission d'architecte. Ainsi naquirent dans la Ville blanche trois joyaux : Diar Es-Saada (la Cité du bonheur, 1954), Diar El-Mahçoul (la Cité de la promesse tenue, 1955), Oued Koriche (Climat de France 959) – et une belle amitié entre le maître d'œuvre et son maître d'ouvrage.

Ce désir authentique – cette vision, cet esprit – est une bénédiction sur un chantier. Il garantit un programme solide (une qualité bienvenue quand on sait que ceux des commandes publiques comptent autant de pages qu'un annuaire…), et donc une réponse de l'architecte qui ne le sera pas moins. Chacun sait où il met les pieds, et pourquoi : le but est partagé. À cette seule condition, défier la somme des complexités du chantier sera une aventure commune. C'est le tournoi de joute…

Indéniablement, de tels maîtres d'ouvrage se font de plus en plus rares. Aujourd'hui leur désir reste chétif et volatil, les diktats du moment, la tendance ou le manque de courage devenus pain bénit. La nébuleuse « société » est devenue le filtre high-tech de toutes les concupiscences en prescrivant le charme insondable et crépusculaire de la médiocrité.

Quitte à fumer, mieux vaut fumer sans filtre. Mais ne crachons pas dans la soupe : j'ai vécu encore récemment quelques belles expériences.

La dernière en date est le musée du Grand Siècle.

Tout part d'une grande idée : construire un écrin pour une collection d'exception, celle que Pierre Rosenberg, ancien directeur du Louvre, a offerte à Patrick Devedjian, alors maire de Saint-Cloud, amateur passionné d'art du XVIIe siècle. Réunissant multitudes de dessins, tableaux, meubles, médailles, verres vénitiens, réalisés par des artistes et artisans du « Grand Siècle » souvent inconnus, cette collection porte la mémoire somptueuse du travail manuel sur une période courant d'Henri IV à la Régence. Dans une société allergique au travail manuel, méprisant ses artisans et ses ouvriers, leur dédier un musée est en soi un acte révolutionnaire. Je l'ai dit, haut et fort, le jour de la pose de la première pierre. Mais cette initiative se double d'une décision jubilatoire dans le contexte actuel : le choix d'une caserne – en l'espèce, la caserne Sully, datant de Charles X – pour accueillir ce musée. Pourquoi délectable ? D'abord parce qu'elle déserte l'acrimonie ambiante à l'égard du patrimoine militaire, laquelle relève d'une irresponsabilité politique liée au

Musée du grand siècle, Saint-Cloud, 2020 – Chantier en cours

gauchisme tardif. L'officier réserviste que je suis, fervent admirateur des bâtisseurs militaires et de l'arrogance de Vauban, ne pouvait que se mettre sur les rangs des candidats. Ensuite, parce qu'il s'agit de transformer une caserne en musée – un défi architectural à peu près comparable à celui de transmuter un lapin de garenne en Cadillac Fleetwood Brougham d'Elvis Presley ! Et ce choix, c'est un homme, un élu, qui en est l'auteur. Il est vrai qu'un élu est payé pour avoir des idées… Mais la hardiesse est si rare en la matière qu'elle mérite d'être saluée.

Mon agence remporte en 2022 le concours lancé trois années plus tôt. J'en suis d'autant plus heureux qu'à tous égards, ce projet fait écho aux valeurs que je défends inlassablement, de la revalorisation des savoir-faire manuels à la réhabilitation du patrimoine bâti. Décédé en 2020, le maître d'ouvrage ne le verra jamais achevé. Il n'en aura même jamais vu les plans ni par conséquent l'architecte, ni l'entreprise et ses artisans. Tel est le risque auquel s'exposent les initiateurs de grands projets architecturaux – Georges Pompidou lui-même n'a jamais pu voir Beaubourg terminé. Mais le désir de Patrick Devedjian s'est transmis, et je veux croire qu'il s'incarnera dans le « musée du Grand Siècle », couronnant ce que la presse a appelé : « Le fait d'un prince éclairé ».

Le chantier le plus aventureux, en quarante-quatre ans de carrière, fut incontestablement le Mucem, réalisé dans un climat de fraternité et d'allégresse proprement miraculeux, depuis la pose de la première pierre jusqu'à l'inauguration. Pourtant, rien n'était acquis lorsque j'ai décidé de répondre à l'appel d'offres lancé par Jean-Jacques Aillagon, alors ministre de la Culture. Un musée anthropologique financé par l'État, à 750 kilomètres de

Paris… pas question de laisser un Anglo-Saxon l'emporter pour défigurer le Midi par un cheval de Troie de verre et d'acier. Il faudrait d'abord me passer sur le corps.

Je me revois debout face à la mer sur le site vierge, ébranlé par le vent et la peur, en ombre dérisoire du personnage de Kaspar David Friedrich juché sur son sommet. Je ressens encore dans cette anxiété hypogastrique, aussi étouffante que jubilatoire, ce sentiment violent de culpabilité – comment un architecte maniériste provençal au village pouvait-il prétendre défier la baie de Marseille, faire de l'œil au château d'If, dévisager le fort Saint-Jean ? J'étais surtout en proie à un vertige existentiel : celui d'une totale absence d'idées. Que faire face à la castagne solaire, à l'odeur des embruns, à l'horizon métaphysique de la Méditerranée ? Prétendre à l'exception dans un tel paysage condamne d'avance au pathétique. Inventer quoi, quand tout est déjà dit ? Tyrannique et dictatoriale – nous étions en 2002 –, la mode était à l'obséquiosité du minimalisme, au kitsch high-tech, au pompiérisme du néomoderne, ou à la névrose de la déconstruction augmentée par la rapine cynique de mes confrères hollandais ; l'onirisme du site forçait à un récit. Je le pressentais. Mais lequel ? J'étais alors chrétien sans foi, culpabilisé par la puissance onirique de la mer, incapable d'échapper à la perception de sa propre lâcheté esthétique. Il fallait sauver sa dignité et en découdre.

L'angoisse du vide convoque souvent le dépassement. Je me suis accroché à ce que j'avais sous la main. D'abord, la destination de l'objet à construire : un musée anthropologique. Je vois avec inquiétude l'anthropologue comme un observateur de formes étranges et inexplicables, témoignant de l'infinie diversité des regards que porte l'humain sur le monde selon son lieu de naissance.

Certains peuples possèdent vingt mots pour qualifier la neige, d'autres n'en ont pas moins pour définir les nuances du gris, dans l'imaginaire érotique adolescent. Le musée à construire devait débusquer toute linéarité et incarner cette variété. Surtout, exclure toute crispation néorationaliste, pour fonder un récit sensible… Cette différence à valeur narrative devait malgré tout assurer sa responsabilité constructive en participant au contreventement des structures – assurant la stabilité horizontale du bâtiment, essentielle sur un site battu par les vents et exposé aux risques sismiques. Sur ce vaste territoire libre, de grandes portées s'imposaient, dans une conversation fluide avec le fort Saint-Jean. L'image d'un bâtiment en pointillé s'est ainsi dessinée, soutenue par des ossatures aux formes organiques – certains y voient des arbres, d'autres des os de poulet !

Subsistait la Méditerranée, qu'il était impossible d'esquiver dans la conception d'un musée situé sur la baie de Marseille, destiné à illustrer les civilisations méditerranéennes. Même si elle me fascine, je l'ai à l'œil, cette mer contrariée transmet son anxiété. Sa beauté excessive, sa traîtrise incitent à la paranoïa. Alors, devant la castagne solaire, en couple avec le vent, il fallait un refuge pour le public. Songer un moment à la radieuse chevelure d'une femme – recouvrir le musée de son splendide ondoiement… J'ai ébauché quelques dessins. Mais le respect pour la commande publique ramène à la raison. L'idée de la féminité, cependant, demeurait. M'obsédait cette phrase fatale d'Hitchcock – jamais, explique-t-il, il ne prendra pour héroïnes des actrices du Sud car elles « portent leur sexe sur la figure ». Pas besoin d'être paranoïaque pour y voir une attaque identitaire contre les femmes méditerranéennes… Eh bien oui ! Ce musée porterait sur la figure l'ombre portée de tous les Sud culpabilisés !

Alors que je la dévisageais, la mer me fit un signe. Ce réseau lumineux dessiné sur le fond par les reflets crépitants du soleil à la surface de l'eau… En découper une plaque au scanner et se la mettre sur la figure, comme une Espagnole derrière sa mantille, une Orientale derrière son moucharabieh : une résille de béton abriterait le Mucem du soleil et du vent.

L'idée était advenue, enfin. Restait à la transmettre aux assistants architectes, aux ingénieurs, qui convertiraient en formes inédites, en matériaux nouveaux, en milliers d'équations. Je voulais ce musée, je le voulais ainsi. Organicité des structures porteuses, fine résille de béton, rien de tout cela n'avait jamais été fait. Était-ce même réalisable ? Il le fallait. Un commando d'architectes et d'ingénieurs fidèles voulait en découdre ! Le temps comptait et avant d'exister notre projet serait déjà coupable… Là était la dynamique confuse de cette difficulté existentielle tant utile aux psychopathes que nous étions.

Au panthéon des hommes que j'admire le plus trône Eugène Freyssinet, Dieu du béton précontraint. La genèse de cette invention, grâce à laquelle on construit aujourd'hui des ponts d'une portée stratosphérique ou des réacteurs nucléaires – c'est dire la résistance du matériau –, est délectable. Son auteur la formule en ces termes : « Depuis un moment, je regardais le béton avec l'acier, et je me disais bien qu'il y en a un des deux, feignant et qui ne travaille pas. » L'acier, feignant désigné, bien au chaud dans son fourreau de béton, sommeillait tranquillement, avant Freyssinet. Il se contentait d'être là – armature du béton armé. L'idée de génie de Freyssinet : secouer l'alangui, le torturer un peu pour qu'il participe à l'effort commun et donne sa pleine mesure. Que se passerait-il si, au lieu de couler le béton sur les barres d'acier, on commençait par les étirer, ces barres ? Il y avait longtemps

Musée des civilisations d'Europe et de Méditerranée (MUCEM), Marseille – 2004-2013

Musée des civilisations d'Europe et de Méditerranée (MUCEM), Marseille – 2004-2013

que cette question tourmentait Freyssinet (car ce métal possède une belle élasticité). D'où le scénario suivant : étirer les armatures à l'aide de vérins disposés de chaque côté – sans excès, pour ne pas les rompre. Une fois en tension, verser le béton. Quand il a pris, retirer les vérins. Que se passera-t-il alors ? Tel un élastique qu'on relâche, les barres d'acier reviendront à leur état initial, elles rétréciront. Bien obligé de suivre le mouvement, l'enrobement de béton durci se rétractera lui aussi. Devenant ainsi plus compact, plus dense… et surtout plus résistant.

Pour que l'acier travaille à la mesure de ses capacités, de manière dynamique et non statique, il faut et il suffit de le mettre en tension : voilà ce qu'a compris Eugène Freyssinet. La chose a l'air évidente après coup. Mais, pour en arriver à cette conclusion, l'intelligence doit allier intuition et cœur. Cette aptitude à se mettre à la place de la matière, à pressentir les forces qui l'animent, est comparable à celle de l'amoureux capable de décrypter le moindre clignement de paupières, le moindre tremblement de lèvres de l'être aimé, tant il a passé d'heures à le scruter pour tenter de percer son mystère. Se sentir coupable devant la matière est un sentiment naturel pour qui accepte de se sentir idiot par extrait de naissance… Là est une piste d'envol radioactive !

On ne peut bien construire sans aimer charnellement la matière. J'ai choisi de l'aimer éperdument, donc imparfaitement. Élevé à Port-Saint-Louis, en Camargue, aîné de ma fratrie, j'ai passé mon enfance dans une nature réduite, hostile, sous l'autorité écrasante du soleil et le supplice du vent : des moustiques, de l'eau, du sel, du sable et de l'argile, voilà à quoi se résumait mon terrain de jeux solitaires. L'argile, plus séductrice, avait ma préférence, pour le plaisir de m'en recouvrir tout le corps comme un Indien. La matière solide, je la trouvais sur les chantiers de mon père chef de chantier, où je faisais les quatre cents coups entre les voiles de béton, sautant par-dessus les travées sur fond musical de la bétonnière. Plus tard, lors de mes études d'ingénieur dans une école publique suisse accessible aux cancres de mon acabit, j'ai appris à connaître les matériaux à travers leurs lois. Tension, traction, résistance, élasticité, module de Young… J'en suis ressorti maîtrisant le minimum – celui d'un ingénieur de comptoir. Là-dessus, des études d'architecture, où je n'ai pas appris grand-chose de plus, ont réduit ma libido créative à néant !

Les imperfections de cette formation focalisent d'autant plus mon admiration pour les ingénieurs de haut vol, ils possèdent cette connaissance spéculative des matériaux, je leur dois tout ! Freyssinet, homme exceptionnel comme on en croise un par siècle, l'avait acquise par la pratique bien avant de devenir ingénieur. Grâce à la fréquentation quotidienne des artisans de son Auvergne natale – menuisiers, charpentiers, forgerons, tisserands –, il était à vingt ans, dit-il, « un artisan complet, aussi capable de trouver la meilleure solution de chacun des nombreux problèmes du moulin ou de la ferme que d'aider de [ses] mains à sa réalisation[1] ». À cette formation au contact s'ajouta par la suite celle acquise sur les bancs de l'École polytechnique. S'il reconnaît du bout des lèvres qu'il lui doit « une énorme augmentation de ses moyens » par l'apprentissage du raisonnement déductif, il répète en toute occasion que l'essentiel, pour lui, venait de sa formation d'artisan : une sauvagerie qui le faisait s'en remettre à ses seuls instincts et à son intuition. Les polytechniciens

1 Eugène Freyssinet, *Un amour sans limite*, Saint André de Roquepertuis, Éditions du Linteau, 1993, p. 20.

pur jus, en abordant les matériaux par les chiffres et l'intellect, resteront à jamais fragmentaires pour Eugène.

Contrairement à Eugène Freyssinet, je suis, hélas, doté de deux mains gauches. Ici une cicatrice, là une éraflure, mes mains me subissent, qu'il s'agisse de planter un clou ou de visser. Je n'en persévère pas moins, et l'envie inconsciente me prend parfois de construire des murs de pierre – on ne naît pas impunément fils de maçon. Pour la taille de pierre, j'ai dû finir par renoncer, à bout de doigts : la masse et le burin, par pitié pour mes mains, refusent de m'obéir, quand un vieux tailleur de pierre, fragile et tout en voûte, obtient des arêtes parfaites en tenant son burin entre pouce et index.

Sans doute est-ce une des raisons pour lesquelles le rapport des artisans à « leur » métier m'a toujours fasciné. On les dit « manuels ». Ils le sont ! Mais les réduire à cet adjectif relève du mépris, comme me l'a fait remarquer à demi-mot un artisan rencontré par hasard dans un bar de Marseille. « Je vous reconnais, me dit-il, vous êtes l'architecte du Mucem ! » J'opine et lui demande ce qu'il fait dans la vie. « Charpentier de marine. » Je m'exclame aussitôt, enthousiaste : « Un métier manuel ! Magnifique ! » Et l'artisan de rectifier : « Pas un métier manuel, monsieur. Un métier d'*expression* manuelle. » J'ai la chance de rencontrer des artisans d'exception, ma remarque était parfaitement médiocre.

Quel que soit mon respect pour la philosophie, je le dirai tout net : le portrait que dresse Platon des artisans de la cité athénienne, en bêtes de somme abruties par la routine, incapables de la moindre invention, témoigne d'une grossière ignorance ; cette arbitraire séparation entre intellectuel et manuel nous accable violemment aujourd'hui. Bêtes de somme, vraiment ? Je revois cette image du forgeron qui, par curiosité pure, s'était amusé un jour à chauffer à blanc des barres d'acier qu'il laissait ensuite tomber verticalement sur le sol, où elles refroidissaient. Livrées à elles-mêmes et à la gravité, libérées de tout raisonnement géométrique imposé, elles se tordaient en d'étranges formes dictées par leur propre organicité, leur propre module d'élasticité. Il observait leurs contorsions abusives, leurs caprices, leur folie. De toute son attention, de son intuition émerveillée, il pénétrait l'âme du matériau.

Un ami, ferronnier de génie répondant au nom de Quenel et surnommé Vulcain, a fabriqué il y a quelques années pour célébrer Noël de merveilleux ballons en aluminium fin comme de la soie, ivres d'hélium, pour les faire voler dans le ciel. Routine, absence d'invention ? Soyons concrets ! Des hommes comme ce forgeron, ce ferronnier, ont le don d'exaspérer l'intelligence physique de la matière, de la questionner, en révélant son excellence, ses inconnues. Lorsque j'avais encore la patience de construire des villas, le même Vulcain a produit une miraculeuse baie vitrée de 44 mètres de long, dont les ondulations épousaient au millimètre près celles du béton de la piscine située juste à l'aplomb. Non content de concevoir ce prodige de menuiserie en verre, il a conçu un processus technique permettant aux vitrages courbés de se déboîter et de coulisser. Nul avant lui n'avait jamais rien fabriqué de tel. Et le maçon émérite en plein vent, coulant dans ses banches un béton aux ondulations concordant à la perfection avec celles du vitrage, n'a rien à lui envier en fait d'exploit. Leur totale maîtrise a permis de réaliser le prodige de la maison Warren, dessinée sans imaginer un cas d'impossibilité entraîné par cette somme d'exigences dimensionnelles et de précision.

N'étant ni ingénieur accompli, ni architecte consciencieux, ni artisan de génie, c'est aux grands de tous ces métiers que je m'en remets pour transformer en réalité solide et palpable les projets ambitieux que je conçois. Et s'ils acceptent ces missions, c'est parce que nous partageons l'envie d'en découdre ! Défier la matière, l'obliger, la pousser dans ses retranchements, obtenir d'elle ce que personne n'aurait imaginé possible, pour convoquer la beauté : là est la rage que nous exposons. Il est loin l'héritage antique des Grecs où l'artisan était méprisé, où le privilège de la démocratie ne touchait que quelques pourcents de la population… Ma foi !? Le partage de connaissances exige l'abandon de la prérogative des pouvoirs. Tu n'es qu'architecte, l'humilité exige de comprendre qu'ils sont meilleurs que toi, qu'ils savent davantage que toi… alors tais-toi et incline-toi, les bras en croix !

Si je devais donner des cours de commandement et d'entraînement au combat disciplinaire, je dirais : mettez vos forces au défi. Offrez-leur la chance d'exceller, au sens étymologique du mot - « s'élever » (*cellere*) au-dessus du lot (*ex*). L'homme n'est paresseux qu'à défaut de bonnes raisons de se mettre au boulot, d'où mon mépris du minimalisme, narcotique de l'effort, et ma piété pour le maniérisme, plébiscitant l'excès plutôt que le néant. Demandez beaucoup et vous obtiendrez. N'exigez que le minimum et balayez la poussière. Il incombe à l'architecte de succomber au récit constructif, catalyseur d'imaginaires et de dépassement, du maître d'ouvrage au menuisier, de l'ingénieur au maçon. Le secret du compagnonnage est là. Notre responsabilité d'architecte est de défendre la nécessité du récit, de l'effort et des savoirs.

Lorsque fut publié l'appel d'offres pour le nouveau siège de la Mutualité française, avec mon collègue Romain

Bouchier nous avons longuement laissé vagabonder nos pensées sur le logo de cette institution, assemblage de polygones rouges et blancs. Évoquant les cellules d'une ruche, ce dessin symbolise de façon limpide la cohésion sociale au cœur du principe mutualiste. Quand tant de fractures et clivages gangrènent aujourd'hui notre société, l'occasion semblait goûteuse de redonner des ailes à cette valeur en péril. Une idée menant à une autre, l'image a fini par surgir de deux ailes transparentes finement nervurées : celles d'une libellule au volant du soleil. Le récit architectural était là ! Le siège nouveau de la Mutualité française s'incarnerait dans deux ailes de libellule, composées l'une et l'autre de fragments de verre délicatement colorés sertis dans un nervurage de béton d'une finesse extrême.

Restait à transformer le songe en réalité. Et là, c'était une autre affaire.

Techniquement, le défi relevait en effet de l'hubris la plus pure. Nos deux verrières se déploieraient chacune entre deux bâtiments, un ouvrage de plusieurs dizaines de mètres développé au-dessus du sol. Sur une surface d'une telle ampleur, comment concevoir et réaliser une ossature d'alvéoles polygonaux aux formes irrégulières et non répétitives, constituée d'un maillage de béton arachnéen incrusté de centaines de fragments de verre polychrome ? Comment justifier la finesse de l'ouvrage et sa solidité, lorsqu'on sait qu'en architecture, le diable se loge dans les interfaces ? Tout, absolument tout, étant expérimental dans ce projet, et si la loi du moindre effort prévalait chez l'homme, aucune entreprise n'aurait dû relever ce défi, promesse de tâtonnements et d'essais avortés. Or, les entreprises ont suivi, portées par l'intérêt passionné que leur inspirait cet ouvrage troublant d'inconnus techniques. « Ce qui vient au monde pour ne

Villa 356 (Warren), Bandol – 2005-2010

rien troubler ne mérite ni égards ni patience » disait René Char.

L'artisan verrier Emmanuel Barrois, et ses quelque vingt compagnons, tous experts reconnus du verre dont ils maîtrisent les infinies subtilités, ont vu dans ce chantier l'occasion inespérée de réaliser leur grand œuvre. Héritier des verriers du XVIIIe siècle, Barrois connaît intimement la chimie du verre, sa colorimétrie. Quand les entreprises industrielles vous proposent un catalogue de couleurs standard, il sait obtenir les nuances les plus délicates – un verre couleur de soleil ou de lune, un verre aux reflets d'aile de libellule au-dessus d'un ruisseau. Formé aux techniques de son temps, il maîtrise à la perfection la mécanique d'assemblage des verres en multifeuille, et joue en virtuose avec la résistance des matériaux. Ce chantier improbable donnait matière au surpassement.

Quant aux alvéoles de béton dimensionnés au minimum, il a fallu à Romain Ricciotti, ingénieur des Ponts et Chaussées, éminent spécialiste du béton, des calculs sataniques pour justifier la stabilité de l'ouvrage auprès des ennemis de l'invention que sont les bureaux de contrôle. L'entreprise de Jean-Christophe Laugé à Bézier, authentique passionné de recherche et développement, chargée de les réaliser, est entrée dans la danse : réaliser un prototype… qui casse ; un autre encore… qui casse aussi ; détecter la légère faiblesse de dimensionnement, rectifier et recommencer en payant de sa poche, le contrat ne prévoyant pas ce risque. Effectuer les montages à blanc, charger les fragments d'ailes sur des poids-lourds nécessitant de traverser la France depuis Béziers, lieu de leur fabrication, jusqu'à la rue de Vaugirard à Paris…

Si la libellule incarne la légèreté, pour nous tous, architectes, ingénieurs, compagnons, ouvriers, le chantier de la Mutualité aura été écrasant d'anxiété. Rarement un chantier aura généré autant de souffrances – on ne se lance pas impunément dans l'expérimentation la plus radicale. Pourtant, face à l'adversité, jamais qui que ce soit parmi nous n'a envisagé de capituler.

Portés par les ailes du défi, les hommes du chantier se transforment en groupe de combat.

C'est une des raisons pour lesquelles je les aime tant et ils m'aident à continuer à croire dans nos métiers.

La bureaucratie aura-t-elle un jour estime pour ces héros de la France actuelle ?

Même une mutuelle chargée de taxer le fruit des travailleurs a du mal à élever à l'altitude des beaux-arts les acteurs du récit constructif... Les bureaucrates se risqueront-ils un jour à l'attendrissement et à la bienveillance face à ces résistants ?

Siège de la Fédération nationale de la mutualité française, Paris – 2018-2024

02

DRAGON

DANS LE RING

2 Mircea Eliade, cité in *Encyclopédie du Compagnonnage. Histoire, symboles et légendes*, Monaco, Éditions du Rocher, 2000, p. 123.

Bataille !

Un chantier est un champ de bataille. Casque obligatoire, bottes armées, gants antiaériens, lunettes à vision nocturne diluvienne. Les soldats français de la Grande Guerre combattaient en uniforme bleu espoir d'horizon ; sur le chantier, on s'accroche aux gilets jaunes réfléchissants, pas uniquement pour séduire.

L'admission y est exigeante.

Récemment délogé sur celui de la Cité internationale de Marseille par l'inflexible gardien Isaac car en tenue de ville non réglementaire, j'ai eu beau insister, me crisper façon ténor, Isaac restait intraitable. Le directeur des travaux a dû m'équiper de force avant de pénétrer la Cité interdite. Vacillant vers d'inutiles explications, Isaac semblait navré ; je l'ai pris dans mes bras, animé d'excuses, et l'ai félicité : il avait fait son métier dans l'intérêt collectif avec une rare bienveillance. Il n'y a pas là de démagogie mais juste l'éloge de ces gardiens de la sécurité des autres.

À la guerre, l'ennemi est discernable. Sur un chantier, il se cache partout – dans cette arête qui vous écorchera la peau, dans cet échafaudage d'où tombera un outil qui vous éclatera la tête, dans ce trou aux aguets de la moindre imprudence pour vous bouffer la cheville façon murène. Il y a encore quarante ans, les accidents y étaient légion. À en croire les légendes, au Moyen Âge, il était admis qu'un chantier important entraîne la mort d'un homme, « celui-ci ne pouvant créer quelque chose de parfait qu'au péril de sa vie[2] ». Les temps ont changé, et tant mieux ! Mais aujourd'hui, si les normes drastiques de sécurité y remédient, l'accident demeure l'inquiétude de tous, le danger rôde.

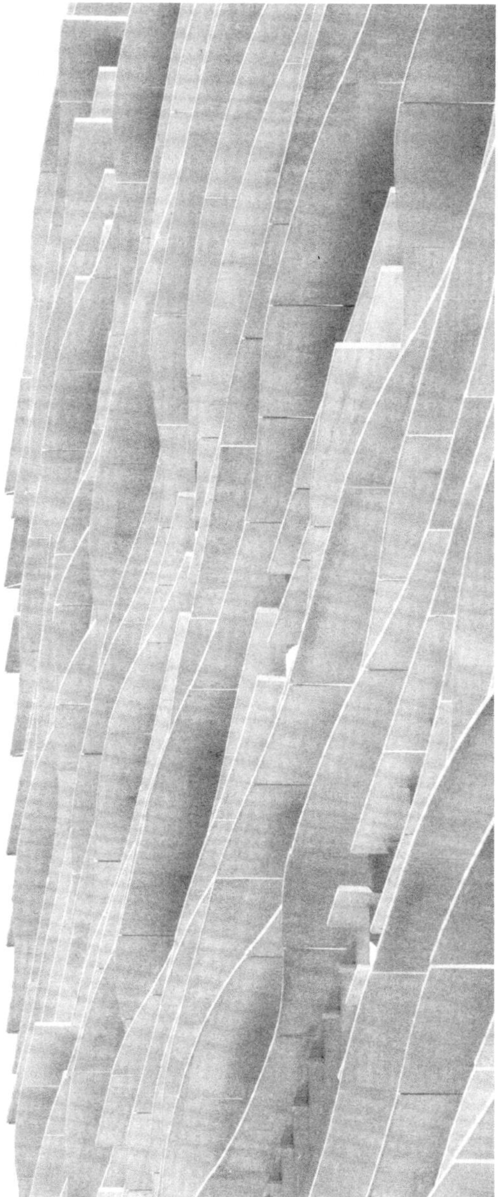

L'ennemi que nous affrontons est un dragon, contre lequel toutes les normes du monde ne pourront jamais rien. En effet, la loi de la gravitation n'est que le masque de notre vanité. Cet ennemi est aussi capable de faire trembler la terre, de déverser des torrents d'eau venant du ciel ou surgissant des ombres du sol, de fissurer le béton le plus résistant. La matière reste schizophrène, résiste à toutes les sciences et technologies du monde. Si, *a posteriori*, il y a toujours une explication, la réalité est trop complexe pour limiter sa puissance de tir dans des équations. On ne la gouverne jamais qu'en partie, car la science exacte des mathématiques relève de la croyance, alors que la physique, science traitant des propriétés de la matière, reste empirique ; le démon colonise les deux !

L'aventureux chantier du Mucem fut un chantier d'ingénieurs : 30 pour 100 ouvriers, un record à ce jour inégalé. La défense des technologies expérimentales de la construction a ce coût – l'étroite passerelle en surplomb de la douve reliant le musée au fort Saint-Jean, les structures organiques en béton postcontraint, les planchers diaphragmes… anticiper les milliers de grains de sable susceptibles d'enrayer la machine – risques sismologiques, contreventement, fluage[3], fatigue du béton, etc. Champions des lois de la matière, Jacques Portelatine et Romain Ricciotti avaient mis le Mucem en équations bien avant que ne soit posée la première pierre. Toutes les fourberies possibles de la matière étaient anticipées, prévues, calculées.

Sauf une.

3 Le fluage est la déformation lente et progressive d'un corps soumis à une contrainte permanente. Par exemple, une passerelle initialement rectiligne s'incurve peu à peu, sous l'effet de son propre poids et du passage des piétons ou des véhicules.

Jamais je n'oublierai ce jour de l'année 2006 où j'écoute la voix blanche du directeur des travaux : « Allô l'architecte, la postcontrainte a mal tourné, le bâtiment a craqué quand on a tiré sur les câbles… On a évacué le chantier. Venez vite ! » C'est peu de dire que je me suis exécuté dans la panique, lâchant brusquement mon pastis. Je me revois au volant de la Cadillac Fleetwood Brougham 1974, souffle coupé et mains humides, paniquer face au défilé des scénarios possibles. La postcontrainte est le moment crucial où, les structures du bâtiment posées – en l'occurrence, les fameuses structures organiques – un commando de maçons ultraqualifiés, artilleurs de haut vol, grimpe sur le toit pour tendre les câbles de chaque pilier (un processus identique à la précontrainte, à ceci près qu'il est appliqué non avant le coulage du béton, mais après sa prise). Si le bâtiment a craqué au moment de la mise en tension, c'est que quelque chose a cédé. Scénario d'horreur : le Mucem s'effondre, dans une heure ou une semaine, un mois peut-être. Horreur atténuée : il s'affaisse légèrement, 2 ou 3 centimètres. Il n'en reste pas moins impropre à sa destination, et c'est irréversible : il devra être détruit. Dans un cas comme dans l'autre, je suis carbonisé. Quelle issue pour moi, sinon le suicide en Cadillac aux Goudes ? Me revient alors en mémoire un cauchemar monstrueux fait il y a quelques années, à l'époque du chantier des Arts de l'Islam, au Louvre : un bâtiment du XVIIe siècle s'écroulait sous mes yeux pendant les travaux. J'étais décidé à me tuer - le bip-bip du réveil m'en a miséricordieusement dispensé. Mais cette fois, il ne sonnera pas.

Arrivé sur place, je fonce jusqu'à l'Algeco. J'y trouve le chef de chantier de Freyssinet, présent lors des faits, et le directeur général des travaux mandaté par Vinci Constructions ainsi que Romain Ricciotti, ingénieur d'exécution – appelés en urgence, ils ont comme moi tout laissé en plan pour accourir. J'observe leurs visages anxieux, et là, mystère de la psyché humaine, la peur s'évanouit sur-le-champ. Un grand calme m'envahit – celui que l'on ressent lorsque l'ennemi vous torpille, m'a confié un jour mon gendre sous-marinier. Je referme la porte, je la bloque avec une chaise sur laquelle je m'assois et, détachant bien mes mots : « Personne ne sort d'ici sans découvrir l'origine de la pathologie. Ça prendra le temps qu'il faudra. » Puis, me tournant vers mon fils : « Toi, si tu as fait une erreur de calcul, tu peux plier bagage, et je te conseille de quitter l'Occident. »

Vingt-quatre heures durant, les ordinateurs ont tourné, à la recherche de l'erreur fatale annonçant la chute du Mucem. Nous avons tout examiné, nous n'avons rien trouvé qui puisse expliquer ce craquement, pas plus dans les calculs que dans leur application opérationnelle. Le terrain ainsi déblayé par élimination, ne restait plus qu'un scénario, auquel nous n'avions pas pensé car il était impossible à anticiper. Ce crac était celui des petites coques en béton conçues pour habiller les rotules faisant, à chaque étage, la jonction entre deux parties de structures assemblées verticalement. De toutes petites coques décoratives, non indispensables, de quelques centimètres d'épaisseur à peine, posées là par coquetterie pour dissimuler les rotules. Pour s'adapter à la morphologie du haut et du bas nous avions coffré avec une membrane souple et coulé 2 centimètres de béton… Une trouvaille esthétique capricieuse, sans aucun impact sur les structures. Comprimées par la mise en tension des câbles, ces rotules rondes, en s'ovalisant sous l'effort naturel, avaient appuyé sur les coques latéralement. La postcontrainte s'effectuant simultanément sur tous les poteaux, les coques s'étaient légèrement décollées d'un commun accord : CRAC ! L'équivalent, pour un humain, d'un banal craquement de doigts.

Tant de peur pour si peu… Hilares, nous nous sommes mutuellement traités de lopettes en nous assénant des bourrades pour retrouver nos esprits, après avoir bu quelques bouteilles d'un châteauneuf-du-pape blanc bien frais, dégraissant nos tourments.

L'histoire finit bien – une fausse alerte parmi des milliers d'autres dans ma mémoire d'architecte en quarante-quatre ans. Mais elle en dit long sur ce qu'est un chantier, car Satan y rôde ! La moindre erreur de calcul, la moindre étourderie ou tout geste de travers, et le diable vous démâte. Dans cette affaire, nous avions mal interprété un bruit, attribuant à tort le craquement à un défaut dans les structures. Forcément : avant ce jour, nul n'avait jamais eu l'idée de réaliser, entre deux piles, de jolies petites coques décoratives en béton. Les ingénieurs ainsi que les entreprises étaient irréprochables, ils avaient appliqué leurs consignes à la lettre. J'étais seul responsable en voulant tricher sur l'illusion de continuité du derme des structures.

Mais l'ingénierie n'est pas omnisciente. Le béton a ses lois, décryptées par la science – modules d'élasticité, travail à l'effort, traction, compression… Il n'en garde pas moins quelques secrets invisibles aux équations. « *Tomorrow only paranoiacs will survive* », a dit un grand économiste.

Pitié !

« Je tiens que, privée de l'appui de l'expérience, la déduction mathématique n'est qu'une source d'erreurs, d'autant plus dangereuse qu'elle est pleine d'attraits », écrit Eugène Freyssinet. Non pas que les calculs se trompent, mais ils raisonnent sur un idéal. Les artisans, réel au poing, entretiennent une complicité nourrie de décennies d'expérience. De sorte qu'entre convention mathématique et mémoire manuelle il ne peut y avoir que méfiance réciproque.

Je l'ai expérimenté sur le chantier du Louvre, alors que nous creusions le sous-sol du département des Arts de l'Islam. Pour éviter que les terres ne s'effondrent, il est indispensable de disposer des blindages en acier ou en bois le long des parois, soutenus par de grosses poutres. Lors d'une visite de chantier, j'ai la surprise de constater que la poutre de soutien appliquée contre le blindage est un beau gros tronc d'arbre. Je fais part au maçon de ma perplexité : « Pourquoi vous ne travaillez pas avec un IPN métallique ? » On appelle « IPN » des poutres en forme de I (première lettre du sigle) à Profil Normalisé (PN). Elles sont le plus souvent en acier et, comme leur nom l'indique, calibrées selon des normes bien établies. Le maçon me regarde et sourit : « Parce que le tronc d'arbre, c'est lui qui décide comment il va fléchir. Il prendra les efforts au mieux pour lui, librement. » Soufflé, je lui demande d'où il tient ça. « C'est comme ça depuis le XVIIIe siècle, me répond-il. On fait plus confiance à un tronc d'arbre qu'à un profilé métallique, parce que le métal, il cachera les efforts. Alors que le bois, il va les montrer. » Montrer, cacher : qu'ils sont loin, les calculs ! Avec ce jeu de pouvoir et de séduction entre l'homme et le matériau, on touche au romantisme pur, que dis-je, à la romance. L'acier, droit dans ses bottes, encaisse les forces sans ciller – jusqu'à ce que, soudain, il fléchisse ou se torde irréversiblement, vaincu par la poussée obstinée de la terre. Le bois, lui, ne cache pas son jeu, il dévoile ses efforts par manque d'orgueil, et quand il n'en peut plus, envoie les signes tangibles. Opter pour un tronc d'arbre plutôt que pour un IPN métallique, c'est avoir pleine conscience de la supériorité du matériau, tu n'es jamais le patron ! Une balle dans le dos est toujours possible – alors, autant l'anticiper pour s'en défendre… et le bois dans cette configuration pardonne et oublie ses souffrances.

Construire n'a rien de naturel. Comme le dit l'architecte Paul Chemetov : « La construction est tout de même un processus singulier, c'est assembler du bois, de la maçonnerie, du métal, du verre, du béton, toutes choses qui ne vont pas par nature ensemble, qui ont peu à faire ensemble, et que nous devons dans un chantier rendre compatibles[4]. » Cet acte paranormal, les calculs ne sont pas à même d'en restituer toutes les subtilités. Entre l'Idée, au sens platonicien du terme, et le béton tel qu'il s'incarne tel jour, sur tel chantier, il y a une différence. Infinitésimale, certes, mais Lucifer se planque dans les détails jusqu'à l'infiniment petit et nous a précédés depuis longtemps comme le rappelle Mick Jagger dans « *Sympathy for the devil* ». Gustave Flaubert écrit : « Le bon Dieu est dans le détail », mais a-t-il mis le pied sur un chantier ?

Jusqu'à quel point le matériau peut-il résister ? Quelle est la limite d'efforts à ne pas dépasser ? En théorie, le calcul est capable de répondre à la question de sa « fatigue » ; identifier avec précision le moment où, soumis à trop d'efforts, il souffre. En pratique, deux contextes n'étant jamais tout à fait similaires, la moindre disparité entre calcul et réalité peut produire des microfissurations – avec pour conséquences ultimes des mégacatastrophes. Le plus souvent, l'endroit critique est l'interface entre deux matériaux, cette « articulation » comparable

4 Paul Chemetov, Rudy Ricciotti, *Le Bon, le Brut et les Truands*, Paris, Textuel, 2021, p. 41.

Département des Arts de l'Islam - Musee du Louvre, Paris – 2005-2012

à celle d'un corps humain. Dans un bâtiment comme chez l'homme, en cas de grand effort physique, ce sont les articulations qui trinquent – par exemple, les rotules des structures du Mucem. Les artisans le savent bien. Après avoir vu « leur » matériau fatiguer des milliers de fois, dans des milliers de circonstances différentes, ils sentent intuitivement la limite à ne pas dépasser. C'est, entre autres, ce qui rend leur savoir-faire si précieux et si nécessaire sur un chantier – à parts égales selon moi avec les ingénieurs. D'ailleurs, c'est souvent l'expérience des artisans qui en remontre au champ normatif.

« Ricciotti, on ne m'a pas demandé ! »

Si je devais donner un visage au Pavillon noir d'Aix-en-Provence, ce bâtiment dédié à la danse contemporaine et au Ballet d'Angelin Preljocaj, ce serait celui de M. De Oliveiro, le chef de chantier.

Le Pavillon noir est un exosquelette monolithique en béton anthracite, constitué de structures obliques entrecroisées devant les quatre façades de vitrages. Obliques car résultant de contraintes dues au calcul, et non facétie cosmétique. Aix-en-Provence est une zone à forts risques sismiques. La réponse standard à ce risque consiste d'ordinaire à se goinfrer façon sumo de béton armé. Ce n'était pas l'idée, je tenais à dévoiler aux futurs promeneurs aixois, à travers la transparence des vitrages, les évolutions des danseurs en cours de répétition. Mais au-delà de ces considérations esthétiques, l'ingénieur d'opérette que je suis flairait depuis longtemps un renard dans cette affaire de sismicité réglée à coups de tonnes de béton. J'ai questionné un peu notre ingénieur en chef, Serge Voline, un mordu de mathématiques : « En cas de secousses sismiques, de quelle nature sont les efforts principaux affectant le bâtiment ? » Essentiellement horizontaux, me répond-il. « Pour les stabiliser, quelle serait la solution logique, en termes de pure géométrie ? Quelle forme devraient avoir les structures verticales pour que l'ensemble résiste aux secousses ? » Réponse : il faudrait des éléments obliques. « Eh bien, dessinons-les par itérations mathématiques, c'est-à-dire en résolvant une équation par approximations successives ! » Surexcité par le défi que je lui lance, il s'attelle à modéliser à outrance (il y a vingt-cinq ans) toute une gamme de secousses infligées à une succession de lignes obliques aléatoires. Un essai non probant : « Recommence ! » ; un autre, « Essaie encore ! » ; deux autres, cinq autres, dix autres… Il s'y est repris à plus de vingt fois avant d'arriver à la bonne configuration. Les exosquelettes étaient nés. Ils étaient devenus la géométrie objective d'efforts composés et aléatoires… Ou plutôt la somme des aléatoires, ou encore l'escroquerie du hasard soumise à l'autorité du pardon et à l'objectivité…

Voilà pour la partie ingénierie. Restait, comme toujours, la réalisation concrète. Paresse intellectuelle ou avidité, l'entreprise en charge des travaux a aussitôt sorti de sa boîte à outils une solution industrielle miracle : structures préfabriquées à assembler sur place – un poteau par étage. Je me suis étranglé. Assembler des poteaux préfabriqués ? Où avaient-ils la tête ? Qui dit assemblage dit forcément jeu aux articulations – donc perte de fiabilité géométrique. Pour un demi-degré d'écart en bas, vous avez un écart de six centimètres en haut, et adieu la stabilité si le sol se met à trembler ! Sans compter qu'esthétiquement, avec les raccords entre les portions, l'exosquelette semblera constellé de retouches. « J'exige des structures d'une seule pièce ! – Désolés, mais c'est impossible ! » m'a-t-on rétorqué.

C’est là qu’entre en scène M. De Oliveiro, maçon promu chef de chantier en raison de son excellence, comme autrefois mon père. « Vous qui êtes du métier, ce n’est pas faisable, ça, de couler les structures d’un bloc sur toute la hauteur ? À l’ancienne ? » Il se racle la gorge, embarrassé. « Monsieur Ricciotti, moi, on ne m’a pas demandé mon avis… – Vous vous y prendriez comment ? » Il prend son temps, réfléchit un moment, puis : « Alors voilà, énonce-t-il, j’installe la banche, je trace les axes avec un cordeau, je coffre les vides par des mannequins à l’intérieur… » Je fais grâce de la suite au lecteur, par pudeur. Après l’avoir écouté, j’ai tranché : « Eh bien ! On va faire comme dit le chef Oliveiro. » Un maçon formé à l’ancienne avait trouvé la lumière. Les structures du Pavillon noir ont été coulées sur place, d’un seul tenant, en plein mistral.

Le génie constructif monolithique du Pavillon noir est celui de M. De Oliveiro.

Le mannequin de Noël

On a beau être frère de sang du béton, l’erreur est humaine. Et le problème, avec le béton, c’est qu’il ne pardonne pas. Pour reprendre les mots du philosophe Clément Rosset, « le réel est idiot[5] », au sens grec du terme : il est ce qu’il est, ainsi et pas autrement. Que cela nous plaise ou non ne change rien à l’affaire, nous n’y pouvons rien. Le 12 novembre 1910, le *Titanic*, joyau des mers, heurte un iceberg en pleine traversée inaugurale : c’est injuste, c’est trop bête, ça ne devait pas arriver ! Pourtant si, c’est

5 Clément Rosset, *Le Réel et son double*, Paris, Gallimard, 1976.

arrivé. L'iceberg était là, droit devant, mais… il n'avait aucune raison d'être là ; les deux veilleurs juchés sur le nid-de-pie l'ont bien aperçu, mais… trop tard, car c'était une nuit de brouillard, et on avait oublié de leur donner des jumelles ; la coque fabriquée par les chantiers navals Harland and Wolff était conçue pour résister aux écueils les plus acérés, mais… pas aux icebergs. L'eau s'engouffre, le navire coule, 1 500 morts, *requiescant in pace.* Substance du réel, la physique obéit strictement à ses propres lois, parfois aléatoires (pourquoi cet iceberg dans ces eaux où il n'y en a jamais ?). Ce qui fait d'elle notre complice si nous nous conformons à nos croyances. Et notre ennemi féroce lorsque, par ignorance, mégarde, ou débordés par sa complexité, nous négligeons un de ses millions d'attributs.

En ce 24 décembre après-midi, il n'y a plus grand monde sur le chantier du Pavillon noir. Réveillon de Noël oblige, les cadres se sont envolés vers le sapin électrique et l'interminable dîner de leur foyer. Fidèles au poste, M. De Oliveiro et ses ouvriers bouclent l'ultime manœuvre avant la longue trêve des confiseurs. Aujourd'hui, on coule la partie basse du bâtiment, la pompe déverse docilement dans les banches son béton liquide, qui aura tout son temps pour durcir d'ici le 2 janvier. Tout semble se dérouler comme il faut – jusqu'à ce gros craquement alarmiste dans une banche. M. De Oliveiro tend l'oreille – plus rien. Le béton continue de couler onctueusement. Il coule même un peu trop fort entre les banches, se dit le vieux maçon expérimenté. Il y a une anomalie. Quelque chose a dû se casser. Sans doute un mannequin, cette pièce de coffrage permettant de réserver à l'intérieur d'une banche un vide pour dessiner les pleins. Aucun moyen de vérifier, encore moins d'intervenir. Le processus est lancé, le béton va couler jusqu'à la dernière goutte. Au retour des vacances seulement,

CCN (Centre chorégraphique national) « Pavillon noir » / Ballet Prejlocaj,
Aix-en-Provence – 1999-2006

quand on décoffrera, on constatera les dégâts. Pas grand-chose peut-être, veut espérer M. De Oliveiro. Mais il sait bien que la fête est déjà gâchée, jusqu'au 2 janvier, son ventre sera noué.

Si je n'ai pas assisté à cette scène – Mme De Oliveiro me l'a racontée quelques mois plus tard, lors du pot de retraite de son mari –, je suis bien là, le 2 janvier, jour du décoffrage, appelé en urgence sur le chantier. Directeur de l'entreprise, maître d'ouvrage, toutes les autorités sont là et c'est l'état de guerre. On me montre la catastrophe. Pour avoir pris, le béton a bien pris, oui ! Mais il y a eu quelques débordements, comme en témoignent ici et là de belles expansions. Pour tout le monde, cela va de soi : il faut détruire ces excroissances, filles du démon ! Certains proposent de commencer par un incohérent carottage, d'autres s'interrogent sur la meilleure méthode à adopter pour scier… Je les laisse parler. Passé le tour de table, je prends la parole à mon tour. « Primo, dis-je : on ne touche à rien. Secundo : ça me plaît comme c'est. Tertio : les valeurs chrétiennes du travail portent aussi leurs souffrances, leurs stigmates. Pendant que vous étiez au chaud, le 24 décembre, à finir d'emballer vos cadeaux, M. De Oliveiro et ses ouvriers ont attendu jusqu'à 20 heures la fin du coulage. Vous voulez détruire cela ? Je vous l'interdis. » Le maître d'ouvrage proteste et s'offusque. Je l'interromps : « Je vous dis que cela me plaît. C'est une expression artistique. C'est l'excessive expression de la souffrance au travail. Je dirais même plus : c'est une expression mystique, point final, *terminares* ! » L'entreprise hilare, le client décontenancé, rétréci… contrarié ; un ennemi de plus ! Hourra !

Lors du pot de retraite de M. De Oliveiro, j'ai interrogé son épouse sur cette soirée du 24 décembre. Son mari, m'a-t-elle dit, est arrivé chez eux, en Savoie, à minuit. Trop exténué pour avaler ne fût-ce qu'une part de pâté-croûte, il s'est illico effondré sur le canapé, devant la famille réunie pour cette fête sacrée chez les Portugais.

Pour les curieux désirant connaître le fin mot de l'histoire, la vitesse du débit du béton avait sans doute été réglée légèrement trop fort et fit céder un mannequin en bois. Que celui qui ne se trompe jamais ose jeter la première pierre à M. De Oliveiro, maçon d'exception et chef de chantier.

Pour éviter ces erreurs dites « humaines », l'industrie a censément trouvé la réponse : tout automatiser. Car la machine, équipée d'un cerveau binaire et soumis, ne se trompe pas. Rames de métro automatiques, chirurgie assistée, l'humain se voit peu à peu poussé vers la porte – mais après tout, ne devrait-il pas y trouver son compte, lui qui n'aspire, à en croire les démagogues, qu'à se voir reconnaître le droit à l'oisiveté en laissant la raison à l'automate.

Dans le BTP, le temps est révolu où, sur les grands chantiers, la centrale à béton concurrençait la grue par sa tour ronde haute de 20 mètres. Désormais, le béton est livré prêt à l'emploi par des camions-toupies. Fabriqué ailleurs, dans des temples dédiés, il évite à l'entreprise l'achat de matériaux (sable, ciment, granulats...), le stockage, les manipulations et les erreurs diverses, pain bénit des bureaux de contrôle. Référence choisie, quantité, date de livraison, il suffit de passer commande, pour être assuré de recevoir un béton calibré, qualifié, 100 % conforme aux normes en vigueur, un béton bien civilisé, bon chic bon genre. La cuisine au four à micro-ondes a encore de l'avenir.

Ce jour-là, j'effectuais une visite sur le chantier du Mucem dont les planchers, ainsi que le chaînage – cette poutre de béton armé qui ceinture l'ensemble du bâtiment – seraient bientôt terminés. On coulait le béton du dernier étage, mais sa teinte différait de celle des étages terminés. Mon instinct paranoïaque vers la baraque de chantier : « C'est quoi, le béton que vous coulez ? Il n'a pas la même couleur qu'avant. » Le chef sort sa fiche, la regarde et blêmit. Nous avions commandé du béton à 50 MPA (résistant à une pression de 50 mégapascals). Celui qu'on nous avait livré était à un niveau de résistance plus faible. Branle-bas de combat : j'alerte le directeur de chantier, qui donne aussitôt l'ordre d'évacuer le béton avant qu'il ne fasse prise. Au bout du compte, l'incident ne nous a pas coûté grand-chose, un peu de temps perdu. Mais nous avions frôlé un incident critique. Trois jours plus tard, il aurait fallu tout casser. Et si cette nuance de gris, à peine perceptible, m'avait échappé, le Mucem n'aurait pas eu la résistance mécanique probablement attendue en cas de situation sismique. Personne ne s'en serait sans doute jamais aperçu – jusqu'à un hypothétique séisme.

L'origine de l'erreur ? L'opérateur en charge d'effectuer les mélanges dans la centrale à béton s'était trompé de fiche. Mais au-delà de cela, il faut surtout incriminer la confiance aveugle accordée à la centrale à béton, haut lieu de tous les contrôles. Dès lors que le béton livré est entièrement garanti, la confiance règne... à tort ! Sur un chantier, la vigilance est indispensable et l'anxiété bienvenue. Bien qu'exceptionnel, cet incident démontre qu'on a tort. La confiance dans les protocoles rend autiste. Statistiquement, les garçons sont plus touchés par l'autisme que les filles... mais je n'en tire évidemment aucune conclusion, provisoirement.

03

TOUS ENSEMBLE, FRÈRES D'ARMES

Amour est souffrance

La vie est dure, sur un chantier. Évidemment. Au Louvre, je me souviens d'une conversation engagée un soir d'hiver avec un grutier. Il était 19 heures, la nuit était tombée depuis longtemps déjà, il faisait un froid qu'en bon fils du Sud je me hasarde à trouver cynique. Le grutier venait de descendre de son engin et s'en éloignait. Je m'approche de lui, nous échangeons quelques mots à propos du travail. « En tout cas c'est fini pour aujourd'hui ! lui dis-je. Vous habitez où ? » Il me cite le nom d'une ville de banlieue lointaine, à une heure trente en RER du centre de Paris. « Et le matin, vous vous levez à quelle heure ? – Cinq heures moins le quart. » Pas besoin d'être très fort en calcul pour comprendre qu'il n'avait que le week-end pour profiter de ses enfants entre deux siestes de récupération. Encore le grutier fait-il partie des privilégiés, bien à l'abri dans sa cabine, avec ses 3 500 euros de salaire. Pour les autres, c'est froid, pluie et boue l'hiver, poussière et castagne solaire l'été. Et à Marseille, en prime, le mistral furieux. Sur un chantier, les hommes souffrent dans leur corps de 7 heures du matin à 7 heures du soir, et à midi, pas de steak-frites au restaurant du coin pour se retaper. Chacun apporte sa gamelle et casse la croûte où il peut, avant d'en reprendre pour une couche dans le vacarme et la dangerosité.

Pourtant, ces hommes sont attachés à leur chantier. En témoigne notamment ce constat : en quarante-deux ans d'activité, je n'ai jamais connu de grève sur aucun des miens, bien que syndiqués. Pourquoi ? Mystère. L'idée ne viendrait à personne de dire : j'arrête tout, je croise les bras. Quelque chose vous en empêche, on se sent responsable. De l'ouvrage à réaliser – musée, lycée, HLM... Dans l'engagement d'un projet commun. Chez nous, quand on a une mission, on va jusqu'au bout, on n'abandonne pas car on est nombreux sur le même ouvrage et l'arrêt de l'un perturbe l'autre. J'y vois une éthique, une transcendance, nées du respect de la valeur travail et de l'effort partagé. Le monde des métiers du bâtiment parle de cohésion sociale ; il est exemplaire.

Honneur et fidélité !

Unis par le danger et l'effort

J'ai retrouvé cette éthique, cette transcendance, dans la Légion étrangère, et cette famille m'a honoré du grade de lieutenant-colonel de réserve citoyenne et de première classe d'honneur, bien que je ne me sois jamais battu. Corps d'élite, la Légion a cette particularité de créer de l'unité à partir de ce qui divise le plus les hommes : leur nationalité (on en compte quelque 150 dans la Légion), leur race, leur culture et leur religion. Ce qui dans le monde est facteur de clivage devient, dans la Légion, le ciment même du lien. Par quel miracle ? Celui, d'abord, d'un passé marqué d'humilité, de souffrance et d'exclusion, que l'entrée dans la Légion permet d'effacer en renaissant dans un nouveau Corps, une nouvelle famille, sous un nouveau nom pour une nouvelle chance. Ensuite, celui d'un présent placé sous le signe du danger le plus extrême : la guerre, que ces soldats mènent au coude à coude au péril de leur vie pour la nation dont ils sont devenus les fils. Le danger les a rendus frères – frères par le sang qu'ils s'engagent à verser pour le bien commun, quelle que soit leur nationalité. « Ils ne sont pas français par le droit du sang mais par le sang versé. » Si l'on n'est pas d'accord avec leur mission lorsqu'ils partent en opération extérieure, ce n'est pas à ces fils du peuple qu'il faut le reprocher mais au chef des armées, le président de la République élu au suffrage universel.

Même si je ne verse pas le mien en tant qu'architecte, la Légion m'a généreusement ouvert ses portes, car ces soldats d'élite sont aussi des bâtisseurs. On compte dans les rangs des légionnaires des soldats ferronniers, menuisiers ou maçons, des soldats conducteurs de tractopelles, qui, lorsqu'ils ne se battent pas, construisent aux quatre coins du monde des ponts, des écoles, des hôpitaux, ou percent des tunnels. D'une génération à l'autre, ces savoir-faire se transmettent depuis la naissance de la Légion, il y a près de deux cents ans. Que cette mission de bâtisseurs ait survécu à la colonisation, d'où elle tire son origine, me semble être la preuve du lien d'union intime de l'art de la guerre à celui de la construction : même omniprésence du danger, même mobilisation des ressources de l'homme, physiques autant qu'intellectuelles, pour triompher de l'adversité comme de l'absurde, pour construire un récit, pour dévisager la laideur et lui tendre un rétroviseur ! L'anonymat, commun aux légionnaires et ouvriers, par cette humilité forcée, active une dignité devenue rare.

Effort et danger partagés tissent entre les hommes un lien de fraternité. L'absence de discrimination pour preuve. Point de racisme malgré la mixité de nationalités. Il fut un temps, c'est vrai, où le torchon brûlait entre Portugais et Maghrébins. Maçons d'exception en vertu d'une longue tradition, les Portugais supportaient mal l'ascension des Maghrébins, eux seuls pouvaient détenir la maîtrise de l'excellence ! Avec le temps, ces derniers ont prouvé leur virtuosité et disponibilité souvent jusqu'au sacrifice. De ce fait, les relations se sont normalisées naturellement. Quant au sexisme et au harcèlement, les femmes des chantiers, armées de casques, de bottes et marteau à la ceinture, sont aussi respectées que leurs homologues masculins, à l'image de la Marine nationale, engagées à bord de navires de guerre. Ouvrières sur le chantier, militaires sur les navires, ni plus ni moins car l'uniforme gomme la différence de genre. Plus les métiers sont périlleux, moins les femmes sont emmerdées. À croire qu'il n'y a que le danger pour rappeler aux hommes leur dignité. Si l'on veut travailler en paix, mieux vaut être ouvrière sur un chantier qu'actrice sur un plateau de cinéma, ou jeune employée à l'hôtel de ville. Sur le chantier, le bon sens structure le rapport social entre hommes et femmes. Équipé d'une tenue de travail et d'un casque, chacun est responsable de ce qu'il dit et de ce qu'il fait. Le sexisme n'est plus d'actualité depuis longtemps. Et la hiérarchie obéit strictement à la reconnaissance des valeurs professionnelles.

La fonction l'emporte sur le grade

Être frères d'armes convoque la confiance. Sur un chantier, chacun a une confiance absolue dans les compétences de l'autre. Les bureaucrates du tertiaire acceptent sans culpabilité un collègue branleur ; sur un chantier, la confusion est exclue. L'infime erreur peut coûter la vie d'un homme ou l'écroulement du bâti, aucune faiblesse n'est tolérée, car révélée à la visibilité commune de l'aube à la nuit tombée. Sur un chantier, impossible de glander en douce. Comme dans la Légion, il n'est pas utile au combat de se retourner pour vérifier que le suivant ne détale pas !

Sur un chantier chacun a son rôle – coffreur, maçon, métallier, menuisier, grutier... Préécrits sur le grand planning du jour, ces allées et venues, ces gestes et interactions, offrent au regard un ballet indécryptable pour le béotien (qui n'est d'ailleurs pas admis au spectacle car ce n'en est pas un), mais parfaitement ordonné. Qu'un des acteurs vienne à manquer ou à faillir et la mécanique part en couille. S'en remettre à un étancheur pour couler du béton est plus compliqué. D'où cette singularité que partage le BTP avec l'armée : chez nous, la fonction l'emporte sur le grade. Dans les deux cas pourtant, la hiérarchie est régie par une horlogerie d'une extrême complexité protocolaire. Directeur de chantier, chef de chantier, chefs d'équipe, compagnons professionnels, ouvriers spécialisés dans une centaine de tâches… Nous n'avons rien à envier à la Marine, où le capitaine de vaisseau plane à huit coudées au-dessus du major, lui-même à cinq ou six au-dessus du quartier-maître.

Pourtant, dans son sous-marin, le pacha n'ignore pas qu'un jour peut-être, l'équipage et lui-même devront la vie à l'officier atomiste affecté au pilotage du réacteur. Dès lors qu'il s'agit de neutrons, la parole de celui-ci pèse plus lourd que celle du commandant. Le savoir-faire l'emporte sur le grade, comme on l'a vu plus haut à propos du Pavillon noir : quand il s'est agi de couler les structures complexes, c'est la compétence savante du chef de chantier M. De Oliveiro qui a été écoutée. En aucun cas l'incompétence du patron de l'entreprise… (pourtant cramponné à des propositions faisandées, jusqu'à ce que je lui demande de se taire). Quant au projet de la Mutualité, sans le savoir-faire du maître verrier, ma libellule serait à jamais restée à l'état de nymphe, le directeur de chantier fût-il le meilleur de France.

Dans le BTP, le respect ne va pas au grade mais à l'expertise. Tant il est vrai qu'au principe de Peter, « dans une organisation, tout individu tend à atteindre son niveau d'incompétence », le chantier apporte un superbe démenti.

J'aime le chantier et j'aime ses hommes. Sans doute cela tient-il à mon enfance passée à jouer à l'explorateur sur les chantiers de mon père, ce dont peu de mes confrères, malheureusement, peuvent se prévaloir. Pour la majorité d'entre eux, l'essentiel de leur mission s'arrête à la pose de la première pierre, marqueur du passage de relais à l'entreprise en charge des travaux. « Un architecte surveillant de travaux ? Quelle horreur, messieurs, il en est le directeur[6] ! », persifle Fernand Pouillon, qui connaissait tous ses ouvriers par leurs noms. Ayant appris l'humilité avec mes frères de la Légion, je me tiens à carreau et demande à mes collègues architectes d'être vigilants lors des visites mais de rester humbles s'ils ne veulent pas se ridiculiser.

Que peut apporter l'architecte sur un chantier ? D'abord, donner du sens au travail de ces hommes sur la durée. Faire partager le rêve abstrait de la perspective jusqu'à sa réalisation physique, à travers la spécificité et la reconnaissance de leurs métiers. Il suffit de peu de choses – une heure de notre temps pendant laquelle nous sommes tous réunis dans une grande salle ou une baraque de chantier. Et je leur fais part de ce rêve à accomplir. En affichant les plans, bien sûr, mais surtout des perspectives, plus intelligibles si non initié. « Voilà le musée…, le lycée…, que nous allons construire ! » J'explique, affinant ma vision. Ils sont saisis, souvent surpris de ma démarche, encore plus de comprendre ce que je leur dis – pour eux, l'architecte est souvent dandy prétentieux, verbe abscons et stylo Mont-Blanc dans la poche en velours, et pourquoi pas la pipe et le nœud pap en sus ? Après cela, selon l'heure, on boit un canon ou on partage des croissants. L'occasion de serrer des mains, de se taper sur l'épaule, de faire une accolade, bref se rapprocher. De se souder

6 Fernand Pouillon, *Mémoires d'un architecte*, Paris, Seuil, Livre de Poche, 1968, p. 372.

en commando avant de partir en campagne, ensemble pour deux ou trois années. Imaginer le travail sur un chantier sans savoir ce que l'on construit, c'est une navigation à l'aveugle comme dans un sous-marin où seuls quelques hommes connaissent la destination.

Ce n'est pas pour rien que fut institué, il y a quelques siècles, le plus grand rituel festif du chantier : le repas de la pose du drapeau. À l'instar de la « cabane » des SNLE[7], cette grande nouba célébrant le jour de la mi-patrouille – 35 jours de tirés, les gars, il n'en reste plus que 35 ! –, la pose du drapeau tombe à peu près à la moitié du chantier. Le gros œuvre est fini, la charpente achevée, au faîte de laquelle on va poser le drapeau français. Les « verticaux », bâtisseurs de la structure, ont fait leur devoir ; place aux « fluides » – ainsi nomme-t-on les plombiers, électriciens, etc. Sur un chantier public à Chartres, le client public a interdit le drapeau français au principe de ne choquer personne. J'ai honte de ne pas l'avoir d'autorité installé moi-même sur le toit.

Du maître d'ouvrage au simple manœuvre, ce gueuleton rituel et profane du gras grillé réunit tous ceux qui participent au chantier. En témoigne le menu : gigot cuit dans du bitume en fusion, déluge de charcuterie… De la barbaque avant toute chose ! Il faut que le gras coule. Le vin aussi, à profusion. Attablés sur des planches recouvertes de mauvais papier, on s'en met plein la lampe et on picole. Dans l'air flotte un parfum de transgression, de paganisme, voire de profane hérité des âges lointains, ceux où l'Église imposait de manger maigre et où la gourmandise était un péché capital. Ceux où les tailleurs de pierre de la

7 Sous-marins nucléaires lanceurs d'engin.

cathédrale de Chartres sculptaient des angelots à portée de vue du clergé, se rattrapant au sommet avec des gargouilles en forme de chiens à gueule dentée ouverte, et dressant leur sexe démesuré à la face de l'hérétique. Hors la vue du clergé, l'audace leur était permise car peu de prêtres avaient le courage de grimper à 60 mètres de hauteur sur des échafaudages instables.

Tous convoqués – le régime végétarien et l'eau minérale sont proscrits… Je me régale avec les ouvriers, quelques-uns nés ici, beaucoup d'autres ailleurs – Français, Turcs, Marocains, Algériens, Ukrainiens, Roumains, Moldaves… le chantier est le dernier laboratoire de la francophonie sans argent public… On me pose des questions. Je réponds, oubliant les mots ardus pour leur parler le langage du concret, celui de la matière dont ils sont les sorciers. Lorsqu'on change de degré d'alcool, une familiarité s'installe. S'il restait un peu de méfiance, les doigts nourris de gras et les bouteilles achèvent de la diluer, et avec elle, les attributs du pouvoir. Cette fête hérétique n'a pas été créée pour rien. Elle produit cohésion et fraternité. Aussi suis-je ulcéré de voir aujourd'hui les grands groupes du BTP s'efforcer d'éduquer ce rituel à grand renfort de petits fours et d'eau gazeuse, éminemment plus pornographiques que le gras mêlé au bitume. Dernière victime du wokisme, la libre-pensée défendue par Victor Hugo dans ce rite intouchable des travailleurs. Mais je ne suis pas dupe : la hiérarchie des pouvoirs demeurera avec ou sans pinard ! Le compagnonnage demeure car les jeunes ingénieurs y sont sensibles.

C'est cependant n'avoir rien compris à la logique du chantier, lieu de toutes les complexités sociales où la vraie compétence impose la fraternité, sans elle sa cohésion historique dégénère en chaos. Ce rite païen a l'intérêt de rapprocher ouvriers du bâtiment et bureaucrates craintifs. Les uns au regard fatigué, la peau burinée par le soleil et dont la maigreur physique traduit les métiers de l'effort, et les autres plus craintifs, grassouillets, blancs par vocation tertiaire, regroupés entre eux afin d'échapper à la rencontre de l'autre et soudainement culpabiliser devant leurs handicaps physiques et leur hygiène normative : l'ouvrier fume, le bureaucrate non ! Curiosité anthropologique à laquelle je n'ai pas de réponse.

Laisse dire !

On se dispute peu sur un chantier. Les querelles y sont rares, mais le ton peut monter très vite, surtout lorsqu'un corps de métier vient à abîmer le travail d'un autre. Je pense à cette méprise d'un électricien, sur le chantier de la faculté des sciences de Luminy. Nous avions coulé dans le grand hall une magnifique toiture en béton, brut de parement, un béton d'exception. L'électricien concède avoir oublié de prévoir une réservation dans la dalle pour ses gaines électriques. Ni une ni deux, armé de son marteau-piqueur, il attaque le béton en une longue saignée d'une dizaine de mètres. Le maçon pique une colère légitime. Arrivé sur place, je découvre le massacre. Tétanisé de trouille, l'électricien barbote dans sa négligence : « Pardon, je n'avais pas prévu... Désolé, j'avais oublié... » J'ai beau être aussi irrité que le maçon, justice doit être faite – mais une touche d'humour ne nuit pas. « Bon, on ne va pas casser, dis-je au fautif après avoir réfléchi en silence. Vous allez reboucher. Mais vous allez coller sur toute la cicatrice des billets de 500 francs, histoire de vous rappeler la valeur du travail des autres. » À ma visite suivante, entrant dans le hall, je découvre au plafond, comme de juste, un serpent de billets bien propres ondulant sur la faille à 6 mètres de haut. Je réprime un sourire. « Alors, monsieur Ricciotti, vous êtes satisfait ? me dit-il d'un ton démoniaque. J'ai payé mon erreur ? » Plus tard, j'ai su que les billets étaient faux – l'électricien s'était contenté de photocopies couleur. Tout le monde garde de cet épisode un souvenir philosophique, et le chantier s'est poursuivi avec surréalisme. Le cynisme réciproque est ici un des rares moments où il fait utilité publique.

L'erreur est humaine et peut être pardonnée si elle a été commise de bonne foi. Pour la négligence et le je-m'en-foutisme, en revanche, zéro pardon : je tabasse. Il y a quelques mois, inspectant le chantier de l'École internationale, à Marseille, je m'aperçois que les angles du bâtiment, de magnifiques arêtes de béton blanc rectilignes comme la Justice, ne sont pas protégés. Certains portent déjà des stigmates. Sur un chantier, des engins et des outillages peuvent s'entrechoquer, mais le directeur de chantier s'en moque visiblement. Un coup de sang me prend, je hurle dans la démesure : « Vous avez vu ce désastre ? Pourquoi vous ne mettez pas des équerres en polystyrène ? Un mètre vingt de hauteur, ça ne va pas vous ruiner ! Vous voulez que j'aille les acheter moi-même ? Que je vienne les poser ? Abîmer le travail d'autrui, pour vous, c'est un acte héroïque viril ? Alors que le maçon s'emmerde à couler du béton dans les règles de l'art, à le décoffrer nickel ? » Quand il y a injustice, et surtout irrespect pour le travail des hommes comme pour le bâtiment, je peux me montrer parfaitement odieux, quitte à en rajouter un peu pour faire bonne mesure. Le chef était terrorisé, mais le lendemain, les équerres étaient là. Les vieilles méthodes ont du bon ! Finalement, elles fabriquent du lien. Mais les arêtes réparées porteront toujours par différence de teinte les stigmates du je-m'enfoutisme !

Il y a déjà beaucoup à faire sur un chantier pour parer aux coups en traître des éléments. S'il faut de surcroît se méfier des hommes, la bataille s'ouvre sur tous les fronts. J'ai le souvenir de m'être bastonné sur un chantier au début de ma quarantaine avec deux armoires à glace. J'étais rentré au bureau tee-shirt déchiré, lèvre fendue et œil enflé… mais je fermais ma gueule. Convoqué par la police car les deux gaillards avaient porté plainte dans la foulée, j'ai dit à l'inspecteur : « Vous avez vu le calibre des artistes ? »

Il m'a souri et on en est resté là. Régler les contentieux entre hommes a le goût du parmesan et du mourvèdre… à l'ancienne, mais je n'ai plus l'âge !

Sur un autre chantier un directeur de travaux me traite de « chien jaune »… Chien ! et avec la couleur du traître, c'en est trop ; je l'empoigne à deux mains par le col… et là, il se met à rire et m'explique que, sur un porte-avions, le chien jaune est l'autorité absolue du pont d'envol manœuvrant par ses gestes les pilotes… Je réalise alors que je suis un petit con et m'excuse.

Mauvaise foi

Haut lieu de l'imprévu en raison des coups de sabot permanents du « réel imbécile », le projet architectural, paradoxalement, obéit à une feuille de route burinée dans le marbre. Tout y est stipulé à l'avance. Rangées en ordre de bataille, les troupes ont été choisies par concours, selon leurs réponses détaillées à un appel d'offres, lui-même constitué d'un programme aussi volumineux qu'une thèse de philosophie. Le maître d'ouvrage a tranché : le projet sera confié à tel architecte, il a livré ses plans, listé les matériaux nécessaires avec la qualité requise et son chiffrage estimé. Il sera exécuté par telles entreprises, dont les propositions répondent le mieux aux exigences

Hall de la faculté des sciences de Luminy, Marseille – 1996-1998

formulées, par la qualité de leurs prestations, le délai et le prix auxquels elles s'engagent. Sur le contrat signé par les diverses parties (le « marché de travaux »), tout est listé, jusqu'aux poignées de portes – leur nombre. La partition est écrite, le chef d'orchestre et les musiciens engagés. Du violon à la contrebasse, sans oublier les percussions, les instruments ont été dûment validés. Il n'y a plus qu'à.

Sauf que…

Ce jour-là, dans la Drôme, les pelleteuses mordent la terre à grands coups de dents. Le chantier commence à peine, nous n'en sommes encore qu'aux fondations du collège. Je reçois un coup de téléphone affolé du chef de chantier : « Il y a des venues d'eau, le sol est inondé ! » Je le fais répéter. « Des venues d'eau ? Comment ça ? Où ? » C'est impossible, le rapport hydrogéologique était formel : rien à signaler. Je vérifie en le relisant à la loupe, mais rien. Ce document contractuel joint à l'appel d'offres par le maître d'ouvrage est tout simplement erroné. Le directeur de chantier et moi parons à la première urgence : d'abord, arrêter le chantier. J'avise aussitôt le maître d'ouvrage de la situation. Il va falloir décider ensemble des mesures à prendre pour réparer. Installer une bâche étanche sous le radier[8] ? L'exhausse[9] ? Faire des batardeaux pour couper les venues d'eau ? Les solutions techniques ne manquent pas, il faut en discuter. Quoi qu'il en soit, évidemment, il y aura des surcoûts.

Réponse du maître d'ouvrage : « Il faut une expertise. » Jusque-là, je le suis. Puis : « Nous partageons les frais,

8 Le radier est une dalle porteuse continue de béton armé coulée à même le sol, qui sert d'assise stable (fondation) à l'ensemble de la construction.

9 Barrages provisoires.

cinquante-cinquante ! » Pour le coup, je m'étouffe. Le rapport, c'est bien eux qui l'ont commandé et qui nous l'ont fourni, il a valeur contractuelle, nous n'y sommes pour rien s'il ne vaut pas un clou ! À eux de payer l'expertise, je ne vois pas pourquoi. Pour l'entreprise, c'est encore pire : ils veulent qu'elle assume à elle seule le coût des travaux. L'affaire a duré deux mois, le client – en l'occurrence, l'administration territoriale – campant sur ses positions. Deux mois pendant lesquels l'entreprise a payé les hommes à bricoler, deux mois à sentir monter l'exaspération. Une telle mauvaise foi crée dans la tribu du chantier un état d'esprit extrêmement dangereux. La confiance trahie au premier coup de pioche, qu'attendre de la suite, sinon le chaos ? La mauvaise foi d'un fonctionnaire territorial récusant ses responsabilités aura des conséquences lourdes, et rejaillira à terme sur le contribuable inévitablement…

Une question demeure, la bureaucratie, détestant prendre ses responsabilités, sature les énergies disponibles et décourage les initiatives individuelles ; y compris dans son propre camp, où le courage critique disparaît. Est-ce le moteur psychanalytique de la dérive réglementaire dont le moteur paranoïaque génère les textes et prescriptions inaudibles ? Techniquement, les conséquences sont l'inflation des coûts de construction. Les élus n'ont pas d'autres messages que ceux des courtisans qui les insularisent du réel… jusqu'aux prochaines élections !

Une main lave l'autre

Un contrat est un contrat. Toutefois, prétendre régler à l'avance comme du papier à musique le déroulement d'un chantier, par définition haut lieu de l'imprévu, relève du fantasme ou de l'utopie. Le contrat peut certes être fautif – un rapport d'hydrogéologie fallacieux. Mais la plupart du temps, son seul défaut est de ne pouvoir envisager tous les cas de figure ; ou de vouloir effacer l'erreur. La réduction d'intuition et l'impossibilité d'assumer ses responsabilités relevant de fantasmes administratifs irrascibles avec nos valeurs républicaines.

Un exemple parmi mille ? En raison d'une tempête, le travail réalisé la semaine dernière a été en partie endommagé. Pour réparer, des travaux complémentaires doivent être engagés, d'où une nouvelle facture à régler à l'entreprise. La réalité météorologique, évidemment, n'était pas prévue par contrat. Réponse du maître d'ouvrage : « Ce n'est pas mon affaire. On en reste au contrat. Quant au retard… vous connaissez le montant des pénalités. » Voici le contrat soudain sacro-saint, dès lors que son respect, contrairement au cas précédent, devient profitable au maître d'ouvrage. Ou, plus exactement, au bureaucrate délégué au chantier. Ce dernier n'est pas Salomon, la justice lui importe peu. Il veut juste pouvoir assurer le bon déroulement du chantier auprès de sa hiérarchie et certifier que tout suit son cours comme prévu. Mais sur un chantier, rien ne se passe comme prévu.

Pour sortir le chantier de ces situations ubuesques, nuisibles à sa bonne marche par le stress et les tensions qu'elles génèrent, je me fais juge de paix. L'entreprise n'a aucune raison d'être blâmée en payant des pénalités pour un retard dont elle n'est pas responsable. Il n'est pas juste, non plus, que le maître d'ouvrage doive régler davantage que prévu le prix d'une prestation. Je propose donc aux deux parties de couper en deux la pomme de discorde. Si l'entreprise effectue le travail complémentaire à prix coûtant, le maître d'ouvrage pourrait-il faire une croix sur ses pénalités de retard ? À moi de les convaincre qu'il en va de leur intérêt réciproque, aussi et surtout de celui du chantier – quitte à lever le ton ou la raison si l'un des deux s'avère récalcitrant. Sans grande surprise, le mauvais joueur est le plus souvent le maître d'ouvrage, assez distant du travail quotidien des hommes et des imprévus du chantier, proches du domaine de l'abstraction. La mission de l'architecte est aussi d'arbitrer au plus juste et de prendre une responsabilité sociale… et même politique, au sens noble du terme. L'effacement des responsabilités génère l'effacement de la fonction tout court.

N'en déplaise aux psychorigides, l'adage qu'affectionnent les gitans, « Une main lave l'autre », n'est ni enfumage ni magouille. Il acte seulement la souplesse nécessaire pour bien travailler ensemble dans l'harmonie et le respect mutuel. « Bien travailler », car cette solution négociée entre gens de bon sens et de bonne volonté permet de fluidifier la réalisabilité d'un geste technique – l'ouvrage en sort gagnant. « Dans l'harmonie », car combattre le mille-feuille des difficultés sur un chantier requiert l'union des forces. Or, la rancœur et le sentiment d'injustice n'entretiennent pas de bonnes relations dans une durée opérationnelle étendue. L'acrimonie fissure la nécessaire cohésion sociale d'un chantier; processus en marche que l'on ne peut arrêter, et où les crises de nerfs n'ont pas lieu d'exister. Les protagonistes apprennent à se connaître, mais le temps manque pour négocier finement. Le monde du BTP n'est pas une scène ironique de Molière, ni une scène politique de Shakespeare. Le réalisme du récit constructif de la cité doit être reçu comme autre chose qu'un théâtre social, puisqu'il induit de fait une réalité économique portant dix millions d'emplois non protégés, c'est-à-dire menacés de faillite ou de chômage. Le drame est « qui parle au nom des victimes » ? Réponse : Les promoteurs immobiliers ! Armés de leurs colossales réserves financières ne les menaçant pas de disparition sur la durée de vie... les autres se taisent (maître d'œuvre, entreprises, artisans...) par soumission... et les architectes en pointe de la trouille et de la lâcheté.

Mais la dignité est à ce prix.

La tendance raisonnable pour l'architecte est de se taire, de sourire et d'avoir la couleur politique indolore de son client ; et surtout sourire et se taire... Cela m'est impossible, c'est pour cette raison que le Coffea cruda 7CH est utile en neurologie pour compenser une activité cérébrale excessive. Il permet de cesser de réfléchir, de ne plus être gêné par la profusion d'idées et de retrouver le sommeil.

L'architecte en sommeil, gendre idéal de tout maître d'ouvrage public planqué !

Si le traitement médical Coffea cruda n'est plus opérant, reste l'initiative de l'arme automatique ! Mitrailleuse, fusil, carabine, fusil à pompe, fusil de précision, lance-roquette... pour les plus timides et désabusés le canon dans tous ses dérivés fera l'affaire !

04

PASSAGE À L'ACTE ET TYRANNIE

10 Alain Monnier, *Rivesaltes, Un camp en France*, Strasbourg, La Louve, 2008.

La mémoire perdue

Des baraquements gris à l'abandon alignés sur une garrigue battue par les vents et semée de thym, voilà tout ce qui reste du camp de Rivesaltes quand l'appel d'offres pour un mémorial est lancé par la Région Languedoc-Roussillon. Sous ces toitures aujourd'hui à l'agonie, derrière ces murs à demi éboulés vécurent, ou plutôt tentèrent de survivre, les indésirables de la Nation, ces étrangers réfugiés encombrants – rescapés républicains de la guerre d'Espagne fuyant le régime de Franco, harkis contraints de fuir leur Algérie natale sous peine d'y être assassinés – et ces Juifs français du Sud qui, raflés par nos gendarmes sur ordre de Vichy, attendirent ici le convoi qui les mènerait vers Drancy, antichambre d'Auschwitz. Ici, sur cette plaine nue, parqués derrière des barbelés, des dizaines de milliers d'hommes, femmes et enfants ont subi les tortures du froid, du soleil implacable, de la soif, de la faim, de l'insalubrité.

La France a eu ses camps d'internement. Qu'elle en assume l'infamie en sanctuarisant la mémoire de ceux qui y ont souffert, en appelant une architecture lucide refusant cette amnésie de l'histoire. Pour capter l'âme de ce lieu, m'approprier un peu de cette mémoire qui n'était pas la mienne, j'ai longuement arpenté ce qui reste du camp, j'ai lu beaucoup de livres, et j'encense cette phrase trouvée dans l'un d'eux : « Il suffirait d'un froissement du temps pour qu'ils arrivent un à un, avec leur manteau usé, leurs chaussures en lambeaux, raccommodées avec des herbes séchées. Cette petite fille aux cheveux noirs et courts continue à avancer sur son chemin, elle s'efface soudain, emportée par une bourrasque plus forte. Tout est désert[10]. »

Stupéfait en découvrant dans le programme remis aux architectes candidats que les uniques vestiges du camp

Musée mémorial du camps de Rivesaltes – 2005-2015

de Rivesaltes, ces baraquements perdus, hantés par des fantômes, devaient être rasés, livrés aux bulldozers, réduits en gravats. Ils devaient disparaître – comme s'ils n'avaient jamais existé. La chose semblait aller de soi : ils étaient sales et en mauvais état. Place nette pour le Mémorial ! Les dernières bribes du passé finiraient à la benne. Le Mémorial de Rivesaltes planterait ses fondations dans l'oubli. Si j'ai été outré, mes concurrents beaucoup moins, en proposant un cube de verre comme illusion de la démocratie, ou une compression à la César réalisée avec les reliquats des baraquements… Ce qui en dit long sur les gouffres de culture politique séparant les confrères. Depuis longtemps la solitude de l'architecte interroge… Mes excellents confrères Francis Soler et Marc Mimram sont-ils convoqués aux mêmes insularités doctrinaires ? Le diktat du minimalisme a fini par asexuer la pensée esthétique et produire une amnésie politique. Ne plus s'étonner de cette maladie pathétique du minimalisme. Elle stérilise, filtre toutes les rébellions et aventures. Elle est l'ultime version glorieuse de la culture anglo-saxonne.

Revenant à Rivesaltes, le programme s'inscrivait dans la droite ligne du passé. Les gendarmes français pour arrêter les Juifs et les interner à Rivesaltes, les cheminots français pour ensuite les embarquer de nuit dans les fourgons, n'étaient pas coupables de génocide. Ils faisaient leur boulot, sur ordre de la préfecture établissant la liste des juifs, elle-même aux ordres de Vichy. Le regard à œillères ayant l'avantage d'esquiver toute responsabilité. À qui avait obéi le programmiste du Mémorial en rédigeant ces quelques lignes stipulant noir sur blanc l'annihilation de la mémoire physique du camp ? Sans doute à des bureaucrates consciencieux, moins au fait des « détails » de l'Histoire que soucieux de « propreté paysagère ». Lorsque j'ai avec acrimonie exigé de conserver les baraquements, le maître d'ouvrage me suggéra d'y installer au moins des sanitaires ou une garderie d'enfants !... Afin de solliciter mon imagination créative.

En réponse à ma culpabilisation, l'insoumission.

L'absence de désir éclairé chez le maître d'ouvrage est nocive à tout projet. Rare il y a encore quelques décennies, cette espèce nuisible se répand, hélas, aujourd'hui pour des raisons difficiles à cerner – absence de culture ? Pusillanimité ? Broyage de la pensée critique dans la gueule de l'ogre bureaucratique ? Les programmes, repus d'objectifs fonctionnels et urbanistiques, économiques et environnementaux, sont devenus des hydres à mille têtes. Pour peu qu'il soit au départ un peu anémique, le désir expire par principe de soumission docile pour plaire au client. Se goinfrer d'exigences paradoxales ne gêne plus aucun maître d'ouvrage public, dernière paranoïa de l'exemplarité sans preuve. La très bonne conscience environnementaliste suffit à faire des ravages.

La libellule ne volait que d'une aile

C'est désormais acté, la libellule de la Mutualité ne volera que d'une aile. D'entrée de jeu, j'avais pourtant annoncé la couleur en ouvrant la porte du bureau directorial où j'étais convoqué : « Ne comptez pas sur moi pour arrêter de travailler ! » Mais le maître d'ouvrage vient de trancher : six mois de retard, c'est déjà beaucoup trop, pas question de traîner davantage, arrêtez le chantier. Nous sommes tous les deux face à face lorsqu'il m'annonce cette décision en forme de couperet. « Traîné », vraiment ? Serions-nous équipés de pouvoirs suprêmes ? Contrer les intempéries par notre seule bonne volonté afin d'éviter une suspension de chantier ? Éviter par hypnose divine une grève d'ouvriers dans une usine de fabrication de coffrages métalliques ? Oui ! Nous le pouvons ! Comptez sur nous !

Soyons sérieux... Il y a eu de la casse, c'est vrai, car un maillage de béton fin comme une toile d'araignée sur une surface de quelques centaines de mètres carrés, ça ne s'achète pas en kit. C'est expérimental. Plusieurs essais ont été nécessaires avant d'y parvenir – mais nous y sommes. L'entreprise héroïque en charge de la réalisation a persévéré à ses risques et périls, dans la dignité du silence. Arrêter, mais pourquoi ? Les services de la Mutualité ne sont pas à la rue, ils ont été relogés ailleurs le temps du chantier. Qu'importe qu'ils y restent six mois de plus ? Le client président, au demeurant charmant, m'écoute sans ciller. L'air navré, il grommelle dans un soupir : « Oui, mais on ne peut plus attendre pour louer. »

Pour des raisons trop longues à expliquer ici, la Mutualité n'affectera en effet qu'une partie du bâtiment à ses services. Le reste sera loué à des entreprises. Voilà donc le nœud de l'affaire : le temps est venu d'encaisser les loyers. Contenant ma hargne, j'énumère calmement mes objections. D'une part, la suppression de la seconde verrière, devant abriter le jardin d'hiver, rend le projet esthétiquement bancal. Une libellule monoailée est poésie mutilée. Imaginons aujourd'hui le Mucem avec des poteaux bêtement cylindriques parce que la complexité de l'arborescence demande plus de patience ?

D'autre part, cet arrêt de chantier témoigne d'un manque de respect politique pour les travailleurs. Que dire au verrier qui a déjà fabriqué des dizaines de fragments colorés ? D'en faire des verroteries pour ses minots, à Noël ? Et à l'entreprise de maçonnerie ayant déjà coulé des pans de résille en béton ? De les reconvertir en auvents pour déjeuner dessous en été ? Tertio : vous qui êtes une mutualité, vous qui vivez des cotisations du travail, donc aussi du travail manuel, du BTP, vous prenez l'initiative d'arrêter un ouvrage fabriqué par ces travailleurs ? J'ajoute, mais *in petto* : « En somme, vous fonctionnez en régime spéculatif. Comme des promoteurs. »

Quelque temps plus tard, je serai informé que le jardin d'hiver a vocation à être reconverti en abri à vélos. Après la petite reine, le deux-roues divin ! Quel désastre ! Au moins, me dis-je, pourrons-nous peut-être en profiter pour recycler un morceau de verrière devenu inutile. Tout n'aura pas été perdu. Las ! Par retour de courrier, on décline ma proposition : comment donc, vous n'y pensez pas, ce serait bien trop cher… Exit la seconde aile de la libellule.

Ce sacrilège perfide aura eu le mérite de révéler les racines du mal. L'argent ! l'argent ! l'argent ! l'argent ! même en milieu coopératif où les valeurs du travail devraient réguler une cohésion sociale. Le matérialisme a raison de tout y compris des valeurs sociales. Là n'est pas une conscience tardive du marxisme mais celle de la désillusion comme ombre portée du pouvoir. De la fédération des mutualités françaises à la caisse d'épargne avec l'argent du peuple, tous ont choisi de mordre dans le spéculatif.

Le court-termisme est-il le nouveau réalisme, la sensibilité nouvelle de la modernité ?

C'est bien le monde économique de l'industrie du bâtiment qui, perdant ses emplois, commence à payer la facture.

Autres temps, autres maîtres

À la Mutualité, les décideurs responsables de la non-réalisation de la deuxième aile de libellule ne sont pas ceux qui l'avaient acceptée. Dans le BTP, architecte et entreprises sont seuls à suivre un projet ambitieux, donc long, du début à la fin. L'équipe de la maîtrise d'ouvrage, elle, se renouvelle au gré des mutations, et, par ce biais magique, autorise à se décharger un peu plus de l'oppression des responsabilités. Portés par l'enthousiasme, mes premiers interlocuteurs n'avaient pas pleinement conscience des défis techniques colossaux associés au projet. Ce chantier ne serait pas un long fleuve tranquille, ils ne le savaient pas mais étaient prêts à l'assumer. Rien de tel chez leurs successeurs, à la réception d'un dossier dont ils n'espéraient qu'une chose : le moins d'ennuis possible. En d'autres termes, le respect strict des termes du contrat. La bureaucratie est un anaconda où la tête et les vertèbres sont discontinues.

Notez qu'en d'autres circonstances, quand il ne prête pas à conséquence, ce changement de têtes peut être distrayant. Sur le chantier des Arts de l'Islam au Louvre, j'ai vu se succéder trois présidents de la République, pas moins, l'un pour la présentation du projet, l'autre pour la visite du chantier, le troisième pour l'inauguration. Le premier à l'Élysée, Jacques Chirac, m'écoute présenter le projet puis soulève la toiture de la maquette avec un désinvolte : « Il y a assez de lumière, là-dedans ? » – entre nous, la seule bonne question à poser. Et, se tournant vers le P.-D.G. de Total : « Vous mettez combien, vous ? – Cinq millions d'euros, monsieur le président ! – C'est tout ? Avec tout l'argent que vous gagnez ? Vous êtes des radins... D'ailleurs, le peuple vous déteste ! » Fin de la séquence, restée gravée dans ma mémoire. Quelques années plus tard, François Hollande, inaugurant le musée, me demandera d'un ton méfiant : « Et... ça tient debout, ça ? » À quoi je répondrai, cynique : « Président, j'ai bien peur que ça ne résiste pas à la dynamite. » Il n'a pas souri et a pressé le pas. Mais pour le reste, le turn-over des décideurs, fatal à la continuité du récit constructif, constitue une de nos plaies. Pour qui veut mener une belle carrière commerciale, il n'est qu'une stratégie pour se faufiler entre les gouttes : surtout, ne jamais innover. Ne jamais inventer. Sous peine de se retrouver un jour tout seul à porter le bât, avec le risque, à terme, d'accoucher d'un ouvrage boiteux – comme une libellule monoailée. L'uniformisation des idées comme réflexe professionnel est le moteur de la perte des savoirs et fragilise une économie du bâtiment pourtant vaillante et volontaire.

Le temps du politique

Trente-huit ans de travaux et un coût estimé à plusieurs milliards d'euros aujourd'hui : pour construire le château de Versailles destiné à asseoir le royaume de France comme le plus puissant du monde et son monarque comme le plus grand, Louis XIV n'a pas lésiné. Ni sur le temps ni sur l'argent soutiré à son peuple. Peu importaient le délai et le prix pour obtenir le palais le plus somptueux réalisé par les architectes et artisans les plus talentueux. Au passage, rappeler que l'empreinte environnementale de Versailles est plus vertueuse que celle d'une HLM grâce au seul vecteur qu'est le travail manuel sans recours à l'énergie fossile. L'équation, en ces temps, avait le mérite d'être simple : tout pour la Qualité, quitte à ruiner le pays et se lever chaque matin de sa vie au son du marteau. « Quoi qu'il en coûte ! » disait le président Macron résigné à l'arrêt du travail à l'heure du covid.

Les temps ont bien changé. Tout maître d'ouvrage se voit aujourd'hui contraint de jongler avec trois paramètres : Qualité - Coût - Délai, unis comme les doigts de la main. Que l'égalité règne entre les trois entités de cette Sainte Trinité est une intrigue. Selon le commanditaire et ses motivations, l'une se révèle à l'usage beaucoup moins divine que les autres. Ainsi la qualité devient exigence frivole, de sorte que refuser l'exil de la beauté soit la seule parade idéologique efficace à la pornographie de cette Sainte Trinité.

Dans les années 1970, la croissance démographique a nécessité de construire dans l'urgence des centaines de collèges. L'objectif était politique : concrétiser immédiatement l'accès de tous les élèves sortant du CM2 à l'enseignement secondaire, jusqu'alors réservé à quelques-uns. Objectif numéro 1 : Délai ! Comment construire un collège en quelques mois ? En recourant à des matériaux immédiatement disponibles, à des méthodes inspirées de l'industrie. Une construction à la chaîne, en somme. Acier, aluminium, béton préfabriqué… Rapidité d'assemblage exigée : laideur, désastre thermique, vieillissement accéléré. Après la réforme, le Déluge ! Oui mais, un chantier n'est pas une usine, ses artisans ne sont pas des OS répétant le même inextricable geste ! Un carreleur ne se contente pas de poser du carrelage : il doit d'abord veiller à la planimétrie. Poser une couche de sable, la tirer à la règle, mouiller, répandre dessus la poudre de ciment… puis, seulement, fixer son carrelage. En soignant les raccords, les angles. À moins que le délai imparti implique que le carrelage soit posé en urgence sans prendre le temps de respirer. Soit tant de mètres carrés à la journée, par ouvrier. Alors ? Pas d'autre choix que de baisser l'exigence de qualité en veillant à ce que les défauts ne se voient pas trop, même si ces travailleurs exploiteront le goût du travail bien fait ! Leur force ? Être de nationalités étrangères et particulièrement des pays de l'Est... habitués à souffrir ? Qui sait ?

Ainsi simplifié, le travail requiert moins de savoir-faire. Pas besoin d'être exécuté par un artisan qualifié – d'autant qu'il rechignerait à bâcler son ouvrage. L'entreprise a tout intérêt à sous-traiter à des ouvriers posant le carrelage au kilomètre. Ils ont d'ailleurs en outre le « mérite » de coûter moins cher.

Le temps du politique n'est pas celui du constructeur. Pour pouvoir mettre à son actif auprès des électeurs ce lycée flambant neuf, ce collège, cette salle de sport, l'élu maître d'ouvrage ne doit pas rater le jour du rendez-vous aux urnes. Or, avant de construire, il faut se doter d'un programme, à quoi ne suffit pas un claquement de doigts. Concertation, discussions, hésitations, reports de réunion – « tout le monde n'a pas que cela à faire » – poussivement, le programme s'établit. Deux ans déjà ! Comme le temps passe... Restent encore les consultations pour choisir la maîtrise d'œuvre – architectes, entreprises. Un an de plus. Les élections approchent, il ne faut plus traîner... Quand est lancé le top du chantier, plus question de tarder : « Messieurs, vous avez dix-huit mois, pas un de plus, pour construire ce collège destiné à accueillir neuf cents élèves ! » Rupture de stock, tempête, blocus routier, grève de fournisseurs, ces aléas ne nous concernent pas. À vous de compresser le temps. Sans quoi : pénalité. À raison de plusieurs milliers d'euros par jour de retard, vous saurez bien trouver le moyen de finir à la date indiquée sur le contrat.

Étranglée par le Temps, la Qualité déserte le chantier. Non que le maître d'ouvrage ne soit motivé. Mais le désir ne loge pas forcément dans la qualité architecturale, laquelle n'est qu'un langage abstrait. Quant au chantier, ce passage obligé salissant, il est prié de respecter un calendrier en décalage avec sa réalité. Cette abstraction du travail de l'autre est l'origine du mal et du déficit de considération du secteur public pour l'ensemble des métiers de la construction dont la souffrance est tragique. Demain le démon sera l'intelligence artificielle laissant imaginer que l'on se passera des architectes et pourquoi pas des ouvriers puisque l'on y est ! Ça existe en médecine ; mais l'architecture est une discipline sociale et culturelle.

Promoteurs, enculés !

Maître d'ouvrage privé, le promoteur immobilier n'est pas moins regardant sur le temps que son homologue du public. Mais pour d'autres raisons. Dans sa Sainte Trinité, son cœur à lui est directement indexé sur son portefeuille. Rien de choquant en soi, se goinfrer fait partie du métier par décision de l'archange Gabriel en personne. Oui, mais... Le temps, c'est de l'argent. Plus rapide le retour sur investissement, plus fourni le portefeuille. Vite, vite, mon immeuble, que j'encaisse le prix de vente de mes appartements ! Le promoteur privé équivaut au cynisme du public sauf que son sourire est celui de Jack Nicholson dans *Vol au-dessus d'un nid de coucou* !

Dialogue qui n'aura jamais lieu que dans mon imagination

L'Architecte : Cette date de remise n'est pas réaliste. Elle est incompatible avec la bonne marche d'un chantier ; ce n'est pas un projet banal ou peu compliqué !

Le Promoteur : Ce n'est pas négociable, ce n'est pas mon sujet.

L'Architecte : Les acquéreurs ne sont pas si pressés, ils sont déjà logés, ils ne sont pas à la rue.

Le Promoteur : Vous sortez du sujet, ce n'est pas votre affaire. Je veux encaisser à la date stipulée par contrat. Point final.

L'Architecte : Vous avez déjà reçu un acompte des acquéreurs alors que nous en sommes qu'aux fondations.

Le Promoteur : Encore heureux !

L'Architecte : La moitié des logements n'ont pas encore été vendus et la qualité a besoin de temps... Ce n'est pas du fast-food, c'est artisanal.

Le Promoteur : Ils le seront à la date de livraison indiquée sur le contrat.

L'Architecte : Vous savez bien que non. C'est vous qui avez fixé la date sans demander à l'entreprise. Ce n'est pas possible !

Le Promoteur : Peu importe. La date de remise n'est pas négociable, et d'ailleurs je vais vous retirer la mission chantier.

Dans la Sainte Trinité, temps et argent font bon ménage. Qu'il privilégie l'un ou l'autre, le maître d'ouvrage gagne sur les deux tableaux. Avec, pour conséquence, soit le sacrifice de la qualité, soit le martyre enduré par la maîtrise d'œuvre – architecte, entreprises – pour honorer les trois divinités sans en sacrifier aucune... avec toujours le sourire de Jack Nicholson mais cette fois-ci dans le rôle du Joker de *Batman*. Avoir des références cinéphiles accessibles permet d'amortir la haine !

Orage !

Deux cents, trois cents, voire quatre cents pages, dans le BTP, le programme d'une construction ne laisse pas à l'architecte une latitude infinie, sinon celle de ne ménager qu'une part faible à sa créativité dans ce dédale d'exigences et d'obligations. De l'insertion du futur bâtiment dans le plan d'urbanisme à sa cohérence interne – liste des lieux, surface et typologie de chacun, relations fonctionnelles entre eux – sans oublier les performances attendues – thermiques, économiques, environnementales... –, tout est cadré. Ce programme accablant n'est pas le fait du maître d'ouvrage. Qu'il soit ministre, président de région ou maire, pour rédiger cet ogre programmatique, il a fait appel à un « programmiste », société privée désignée à l'issue d'une préconsultation. Le programmiste ne sort pas son programme de son chapeau. Pour l'élaborer, il a largement consulté – les élus, les services techniques du client, le service d'urbanisme... souvent, aussi, le futur usager du bâtiment, directeur du musée, proviseur du lycée, principal du collège à bâtir et cela est bien. En bref, la liasse de documents qui sera remise aux architectes candidats est le fruit d'une large concertation de plusieurs centaines de pages. Cette concertation n'exclut ni les paradigmes ni les injonctions contradictoires (ne pas imperméabiliser le sol mais ne pas verticaliser). Elles sont à l'origine de nombreux échecs. Programmiste : seul métier non responsable comparé à ceux consultés par lui-même... C'est fort, non ? Son violon séducteur est l'hystérie de la gestion des paradigmes écoesponsables, écopartages, écodécisions, écosociabilités... jusqu'à l'indifférence à notre bien commun réduisant le regard des travailleurs à celui des personnages perdus du peintre Goya.

La mission de l'architecte : tout en respectant au mieux ce programme, proposer « sa compréhension (ou même ses arbitrages) ». Dès lors que rien, dans le programme, ne les exclut, toutes les réponses sont permises. L'emportera celui qui aura convaincu le jury, composé pour un tiers d'élus, pour un tiers d'administrations territoriales, pour un tiers enfin d'architectes indépendants, comme le préconise (sans vraiment l'imposer) la MIQCP[11].

À la tête du jury se tient son président, commanditaire de l'ouvrage. Ministre, président de région ou maire, c'est sur son budget que sera financé l'ouvrage. Et c'est de lui que vient l'initiative d'en lancer la construction, et là est son droit et devoir. La décision du jury est bien sûr collégiale. Mais ce « collège » a la délicatesse de se ranger aux arguments de son président, si le choix de ce dernier vient à différer de celui de la majorité. Autant dire qu'un président convaincu saura persuader le jury d'opter pour le projet qui a sa préférence – reste à savoir quelles convictions l'animent et s'il a bien compris. Un autre, plus indécis, s'en remettra au choix de la majorité. Je n'ai rien à redire à ce processus qui confère le pouvoir à l'élu. C'est le fonctionnement de la République, j'y adhère sans réserve – il m'a autant profité que desservi.

Animé de solides convictions, le maître d'ouvrage fera pencher la balance en faveur du candidat qui incarne le mieux sa vision – dans la mesure, bien sûr, où sa traduction s'inscrit dans le cadre du programme. Mais qu'il n'ait aucune vision, il s'en remettra à ses équipes et au programmiste pour capter l'air du temps, coller aux dogmes et doxas du moment. Parmi les candidats, celui qui cochera le maximum de cases emportera le magot. Une once de confort thermique, un zeste de durabilité, un doigt de

11 Mission interministérielle pour la qualité des constructions publiques.

sécurité, une pointe de sobriété énergétique… Parfait. Du bois, très bien, et de la fourrure verte, oh oui ! Du béton ? Banni, sous peine de se faire étriper par les Verts. Que l'assemblage du tout canalise médiocrité architecturale et offense à la Beauté, laisse indifférent – en vérité, il ne s'en aperçoit même pas. Chacun a son interprétation de la Qualité. Pour certains, elle réside avant tout dans des cases à cocher. Et que cet assemblage soit tout bonnement impossible à réaliser n'est pas leur affaire. À l'architecte de s'organiser. L'absorption démocratique de contradictions est la performance absolue dans ces exercices. Le cynisme avance masqué. L'influence locale n'est pas critiquable dès l'instant où le politique s'y retrouve, après tout c'est lui qui portera le chapeau. Mais l'analyse des programmistes est perverse, elle avance masquée et tire les ficelles en douce pour favoriser ses chouchous avec un air de pure innocence.

J'ai un flair de truffier pour débusquer les contradictions des programmes architecturaux. J'en ai d'ailleurs fait la priorité pour mes équipes. Un appel d'offres ? Un de mes assistants se voit illico mandaté pour repérer à la loupe les coups fourrés qui se cachent entre les lignes. Les mines exhumées, je les pose sur la table et je commence à travailler. Les exemples foisonnent, c'est le déluge. Parmi mes deux derniers en date, un projet de théâtre à Nîmes. Pour répondre aux exigences fonctionnelles requises, le bâtiment devra, c'est mathématique, dépasser la hauteur légale autorisée sur les documents d'urbanisme. Le maître d'ouvrage ne l'ignore pas, mais il compte sur les architectes : à eux d'apprivoiser le cercle pour qu'il se transforme en carré.

Plus délectable ? Un centre de thalassothérapie garanti 100 % écologique – recyclage, etc. Pour un peu, l'environnement deviendrait plus propre grâce à sa construction. Cela est admirable, à un petit bémol près : le budget annoncé pour la partie technologique est à multiplier par deux pour parvenir à une telle performance écologique. Tel que, il est conforme à ceux alloués pour ce type de projet il y a vingt ans, autant dire la préhistoire. La réduction de l'empreinte environnementale par l'inflation technologique devient cet autre paradigme où il s'agira de consommer toujours plus pour paraître exemplaire environnementalement. La fabrication d'une pompe à chaleur réchauffe davantage l'atmosphère que son propriétaire, mais qu'importe !

De telles aberrations programmatiques sont lâches, l'architecte se voyant investi d'une responsabilité qui le dépasse. C'est en effet au maître d'ouvrage, non à l'architecte, qu'il incomberait de négocier les contraires. Mais elles traduisent surtout une ignorance me rappelant celle des optimistes, convaincus que les ingénieurs sauront parer au réchauffement climatique grâce à quelques technologies miracles sorties de leurs ordinateurs. Innovez, ingénieurs, pendant que nous roulons en SUV ! Cogitez, architectes, pour construire le théâtre qui sera à la fois haut et bas ! Ce phénomène est assez nouveau, faire porter les contradictions du temps par l'autre. Sous le règne de François Mitterrand, il y avait de très grands maîtres d'ouvrage, dotés d'une excellente formation tant culturelle que technique. Désormais, dans le clergé administratif, il semble que ce ne soient pas les plus brillants qui passent devant, mais les plus avenants, les plus souriants, les plus réservés, les plus neutres, les plus soumis.

Pour pallier l'absence de vision et l'ignorance, il est, pour les maîtres d'ouvrage, un excellent remède : déléguer la responsabilité de penser à de supposés sachants – technocrates de salon, inexperts au combat, régnant chacun par transfert de responsabilités sur un petit bout de champ. Pourquoi s'interroger quand toutes les questions que pose l'acte de bâtir ont été listées et résolues par des cancres autoproclamés spécialistes ? Isolation, ventilation, confort thermique... Tout est désormais codifié sous forme de normes validées en haut lieu (Bruxelles ou Paris). Réunies sous des noms impérieux : HQE (Haute Qualité Environnementale), eurocodes, RE2020, ces normes ont été conçues, les unes pour parer à tous les dangers (sécurité des travailleurs, sécurité du bâtiment) ; les autres pour répondre aux nouveaux défis planétaires du siècle, climat, environnement, énergie. Qui les contesterait ? Hélas, non contents de les observer, les maîtres d'ouvrage nonchalants ou peu inspirés en ont fait leur unique bréviaire, trop rassurés que la qualité se trouve enfin asexuée, dans la Sainte Trinité Qualité - Coût - Délai. Le transfert schizophrène du champ des responsabilités vers celui abstrait de normes incompatibles entre elles a pour principale conséquence la destruction des mémoires efficaces et des métiers portés par des sachants. Le champ réglementaire souvent guidé par un lobbyisme commercial en amont et invisible est une machine habile à détruire le bien commun et la mémoire du travail. Il est frappant de constater que l'escroquerie idéologique est lisible dans tous les métiers, sans être contestée par peur de répression... Alors même que la preuve du bénéfice environnemental consécutif à une surréglementation hystérique est évidente. Le mal demeure et pousse l'Occident à consommer toujours davantage pour paraître exemplaire quand les pays en développement travaillent davantage pour consommer moins, et sont écologiquement exemplaires ! Le lobbyisme commercial à l'échelon juridique a déclenché une destruction des circuits courts garants d'économie environnementale. Le made in France a lui totalement disparu des objectifs juridiques qualifiés à tort d'environnementalistes. Le drapeau français sur l'alimentaire ou le textile fait encore sens. Dans l'économie du BTP, c'est un combat violent que j'engage contre les suspicions de chauvinisme parce que je veux défendre l'économie de mon pays. À ne pas porter le béret patriote, c'est presque la moitié des composants utilisés pour construire qui sont importés sans bénéfice économique et social pour nos travailleurs. Produits exogènes à la sociologie latine de la France, ils sont les moteurs culturels de l'esthétique de la globalisation. Pas à pas les nouvelles habitudes consuméristes s'installent. Exit celles de nos travailleurs, de nos usages et de nos mémoires. Le processus s'emballe dans l'indifférence générale, avec le sourire cynique de Joker !

05

PSYCHANALISE DE L'HUÎTRE

Ultima ratio populi

La rage que m'inspire l'obsession normative est notoriété publique. De livre en interview, je la clame, je la vocifère, au risque de passer pour l'anarchiste de service, rebelle par principe à toute forme d'autorité. Une rectification s'impose : prise au sens étymologique, j'aime l'autorité, mot venu du latin *augere* – augmenter, faire grandir, pousser vers le haut. L'autorité du maître fait grandir le disciple par la transmission d'un savoir. Si un chef digne de ce nom emporte son équipe vers des sommets, ce n'est pas en vertu du pouvoir qu'il détient. C'est grâce à son autorité, fondée sur la confiance mutuelle. Je ne conteste pas les normes. Je conteste leur tyrannie et l'usage inexpert qu'on en fait. Qu'on me démontre leur prédisposition au bien commun, je serai heureux de les respecter. En attendant, contraint de les subir, je garde le doigt sur la détente.

On ne bâtit pas sans réglementation, c'est évident. Un garde-corps oublié peut être fatal. Une économie de bouts de chandelle sur la qualité du béton, l'immeuble ne résiste pas. Que la solidité et la sécurité soient régies par des normes fondées sur l'expérience et l'expertise scientifique, rien de plus normal. Que leur application soit contrôlée avec la dernière sévérité, bien sûr. Mais le prosternement aveugle devant des réglementations dont les effets sont soit hypothétiques, soit autocontradictoires, soit objectivement pernicieux, est aussi obscène que lâche. La norme est souvent la chevalière au doigt permettant aux pays riches de ne pas renoncer à leurs privilèges tout en paraissant vertueux. Elle se situe à mi-parcours des séries TV et de l'art contemporain ; devenue l'*entertainment* de l'homme urbain abandonnant la romance à son futur !

Pour notre malheur à tous, le XXIe siècle marque l'entrée dans une nouvelle ère. Une vérité vient de nous exploser à la figure : la nature ! Elle n'est pas une esclave docile corvéable à merci et pour l'éternité. Contrairement au lait de la chèvre, le pétrole ne se renouvelle pas sitôt après avoir été extrait de son puits de forage. La planète n'est pas encore autonettoyante. Le climat se réchauffe mais le thermostat fait la gueule – tout juste peut-on régler l'amplitude de la hausse. Si l'humain a l'intention de se perpétuer au-delà de trois ou quatre générations, il a tout intérêt à revoir à la baisse ses exigences d'enfant tyrannique. D'où l'irruption fracassante des normes environnementales dans les réglementations de tous les métiers – agriculture, industrie, et naturellement bâtiment.

Moins consommer – de matière, d'énergie ; moins polluer – l'air, l'eau, la terre ; s'imposer la frugalité, seule marque de respect accessible aux humains envers l'environnement... Tel est désormais le mot d'ordre. Je souscris et j'ajoute : il était temps, nom de Dieu ! La voracité de consommation dans laquelle se vautrent nos sociétés occidentales est une insulte à la bienveillance. Climatisation à 18 °C en été quand il fait 30 °C dehors, chauffage à 23 °C l'hiver quand il fait - 2 °C dans la rue. Sanitaires avec eau à profusion à chaque coin de couloir. Parkings bitumés pour ne pas souiller les mocassins... Pour son confort, l'homme blanc s'autorise tous les caprices. Si les normes avaient pour effet de nous rendre plus sobres, je dormirais toutes les nuits la tête sur le RE2020, recueil des nouvelles normes environnementales dans le bâtiment. Hélas, cet inventaire m'évoque plutôt un conte de George Sand, *L'Histoire du véritable Gribouille*, où l'on voit un petit garçon se jeter dans une rivière par crainte de se mouiller, puis dans le feu par crainte d'être brûlé. Le vice de la surconsommation technologique pour consommer moins d'énergie sans ouvrir la fenêtre l'été ni porter un pull l'hiver est la preuve que Satan est français !

L'énigme de Kaspar Hauser

Emblème du gaspillage, la passoire thermique fait aujourd'hui, à juste titre, figure de mouton noir. Plus vous chauffez le bâtiment, plus le ciel en profite. Consommation d'énergie disproportionnée, contribution au réchauffement climatique : double atteinte à l'environnement. Pour éviter ces déperditions de chaleur en hiver, la solution logique est de traquer les fuites. Par où s'échappe la chaleur ? Par les interfaces entre dehors et dedans – fenêtres et toitures, bien sûr, mais aussi façades et balcons.

Pour isoler, on peut ajouter une couche : au lieu d'une façade, prévoyez-en deux, à l'intérieur et à l'extérieur. La formule recommandée consiste en un parement de bois d'un centimètre d'épaisseur, plaqué sur des isolants eux-mêmes rapportés sur un pare-pluie. Je l'ai pratiqué exceptionnellement par souci réglementaire, et non esthétique, sans fierté aucune. Pas besoin d'avoir fait Polytechnique pour savoir qu'un matériau s'abîme plus vite dehors que dedans. Surtout s'il manque d'épaisseur. Cette peluche protectrice maintient la chaleur à l'intérieur du bâtiment, incontestablement. Mais, comme tout habit, il va vite s'user. Qui dit usure dit réparation – ou remplacement. La façade étant verticale, il faudra dresser des échafaudages et les fixer… à la façade, elle-même fragile et endommagée. En bref, le bâtiment devra changer de manteau régulièrement, au prix de travaux conséquents. Pas d'énergie thermique gaspillée, sans doute. Mais du matériau, oui. Quant au qualificatif « durable », je le trouve ici plutôt pornographique. Le mythe de la légèreté corollaire de la fragilité a fini par culpabiliser l'épaisseur et la masse. En ligne de mire le béton et la pierre alors que leur durabilité est incontestable.

Autre lieu de fuite à signaler : les balcons. S'il fait zéro degré dehors, le sol de votre balcon affiche à peu près la même température : c'est normal. Étant dans le prolongement du sol de votre étage, il communique le froid de l'extérieur vers l'intérieur. Pour isoler, il est recommandé d'interrompre cette transmission. D'où l'installation de « rupteurs de ponts thermiques », longs boîtiers dissimulés dans la dalle : exit la déperdition de chaleur, et donc, économie d'énergie. Mais quel est le bilan thermique de sa fabrication, constituée d'isolant de plastique, de laine de roche et d'acier ? Au bout de combien de dizaines d'années de chauffage sera-t-il amorti ? Mystère. La question est explicitement esquivée, tout comme celle de la maintenance. Car un rupteur de pont thermique, ce n'est pas du diamant. C'est accessible à la corrosion par oxydation. Et au bout de dix ans, garantie décennale oblige, plus personne n'en est responsable. J'ai appris récemment par un article de presse qu'une femme était morte, à Paris, en raison de la chute d'un balcon. Le rupteur de pont thermique avait cédé. Là est la culpabilité de l'homme blanc… Consommer plus en cachette pour afficher moins à première lecture. Cette volonté de domination morale emporte la bonne conscience jusqu'à ériger la norme en héros ; véritable antibiotique à la culpabilité. L'uniformisation de la pensée réglementaire cherche à effacer celle de la logique des années. Vieillir n'est pas coupable mais refuser la fatigue des matériaux l'est. C'est étonnant de voir combien la fatigue des matières par vieillissement est masquée de pudeur.

Construction paranoïde : H1, H2, H3

En matière de thermique, le rêve du législateur peut se résumer en quelques mots : confort et écoresponsabilité. Qui s'inscrirait en faux ? Traduction : « Je reste grassouillet mais je veux être désiré. »

Article 1 : Tout bâtiment doit offrir à ses habitants un « confort thermique » en hiver comme en été. La température intérieure ne doit pas y excéder un certain seuil (x °C) plus de y jours par an ; elle ne doit pas descendre en dessous de z °C en hiver.

Évidemment, selon la position géographique, x, y et z ont toutes chances de varier. Pour le Libyen, il fait bon vivre à 35 °C, pour l'Inuit, on étouffe à 15 °C. Notre législateur s'en tient à ce qui sied à nos corps délicats d'Occidentaux – pas moins de 20 °C en hiver, pas plus de 26 °C la nuit et 28 °C le jour en été. Que Baudelaire ait couramment dû dégeler son encrier pour pouvoir tremper sa plume en hiver, c'est entendu. Mais nous ne sommes plus au XIXe siècle, réchauffement climatique ou pas. Mais 28 °C, ce n'est pas la crémation ! Et si la Provence trois mois par an vous insupporte car non conforme à la loi écologique, dormez dans le frigo après avoir enlevé les étagères !

Article 2 : Le bâtiment doit être écoresponsable. En termes d'énergie : consommation énergétique, part des énergies renouvelables dans cette consommation, tout doit être précisément chiffré. En termes de bilan carbone, toutes les émissions sont à évaluer, aussi bien celles induites par sa construction : fabrication des composants (combien d'émissions carbone pour fabriquer cette quantité de tel type de béton ? d'acier ?), fonctionnement du chantier (combien pour transporter les matériaux ? pour faire fonctionner les machines ?) – que celles produites par le bâtiment une fois habité et exploité (énergies utilisées, eau…).

Comment permettre au maître d'œuvre de consolider toutes ces exigences – et au bureau de contrôle de vérifier le résultat ? En les traduisant sous forme d'équations, qui ressembleront peu ou prou à celle-ci :

Consommations énergétiques primaires :
$Ce_{p\_max} = Cep_{\_maxmoyen} \times (1 + Mc_{géo} + Mc_{combles} + Mc_{surf\_moy} + Mc_{surf\_tot} + Mc_{cat})$

« Géo », on l'aura deviné, définit ici comme ailleurs la variable géographique – la zone où se situe le bâtiment sur la carte de France, et son altitude. Dans son extrême sollicitude, le législateur a l'obligeance de vous fournir le chiffre correspondant à votre cas. Vous construisez à Cassis ? À Aix-en-Provence ? À Montpellier ? À Nice ? Vous êtes en zone H3. Voici le chiffre. Que vous soyez en bord de mer ou dans l'arrière-pays, exposé au mistral (glacial), au vent d'est (chaud) ou bien à l'abri dans une cuvette n'y change rien. À Méounes (Var), connue pour son microclimat pluvieux ou à Marseille l'ensoleillée ; non plus ! Les deux autres régions de France (H1 et H2) ont droit à leurs subdivisions. Pas le Sud. En bas de la carte, il fait toujours beau et chaud. (Il a fallu cinquante ans pour que le stade de l'OM bénéficie d'une toiture, car à Paris on pensait qu'il ne pleuvait pas à Marseille !)

Se plier à la norme, même si elle réclame une machinerie disproportionnée avec les besoins de votre bâtiment ? La boulimie technologique est sans limite ! Si par malheur vous disposez d'un vulgaire bon sens, si vous êtes bassement consciencieux ou médiocrement appliqué, l'idée vous viendra peut-être d'une proposition à la fois plus esthétique et plus sobre. Vous pourriez même avoir la désobligeante idée de proposer une technologie expérimentale ou ancestrale insufflée par le lieu, plus économe, en matériel comme en énergie. Par exemple, un système de préchauffage/rafraîchissement par l'eau de mer, votre bâtiment ayant pour ainsi dire les pieds dans l'eau – je parle du Mucem. Un système tout simple : un groupe de « thermo frigo pompes » aspirant l'eau de la mer, puis la relâchant dans les douves, aussi pure qu'elle était entrée, mais plus fraîche ou plus chaude selon la saison. Attirés par cette brise aquatique, je vois déjà les crabes camper aux pieds du musée, se risquer sur les jambes des structures pour tourmenter les mollets de la culture… « On n'a jamais vu ça, ce n'est guère sérieux ! oppose-t-on en haut lieu. – Les études, pourtant, montrent que cela fonctionne… – Il n'en est pas question. » Jusqu'au moment où, dans une principauté voisine qui n'a pas froid aux yeux, un maître d'œuvre aura la même idée et la fera accepter. « Ah ! Si Monaco l'a fait… Allons-y. » Ainsi le Mucem fut, sur mon insistance inamicale, le premier bâtiment public rafraîchi et préchauffé par l'eau de mer (projet 2002).

La norme est la négation de toute singularité. Topologie, climat, sismologie… Le territoire se trouve réduit à une dizaine de lieux types définis par des statistiques. Et les réponses techniques, à un catalogue de solutions au sommet de laquelle trône Sa Majesté la Pompe à Chaleur, très habile pour réchauffer l'air de votre jardin. Tout cela au nom de la sobriété. Une sobriété multipliant par trois la surface dédiée au local technique – 30 mètres carrés aujourd'hui, de quoi loger un célibataire. Il faut bien cela pour abriter les monstres de la technologie, avides de métaux rares autant que d'énergie primaire, et difficilement recyclables. La norme devient la version ludique du néoplatonicien lubrique déculpabilisé après avoir reçu une gifle.

Ainsi le champ normatif déculpabilise notre égoïsme collectif.

Quand l'homme blanc aura compris qu'en réduisant ses exigences confort il fera acte de foi et retrouvera sa dignité. Le mythe invasif de « l'harmonie » cher aux mystiques verts est devenu un incivisme impuni. Il faudra créer des camps de rééducation politique avant fermeture de la raison. La violence de la bureaucratie « thermique » est autiste de la riche variété des territoires français. Est-ce là l'ultime version renouvelée du jacobinisme dont la version économique se traduit par l'arrogance de l'État (50 % du budget pour l'Île-de-France où habitent 12 % des Français) ?

Voilà, entre autres, pourquoi je suis onychophage pulsionnel.

Orwell m'a tuer !

La rumeur dit que je serais antiécolo. Si le culte de l'écoquartier et de la toiture végétalisée est la marque du bon bobo décarboné, on ne se trompe pas. La simple dénomination de l'écoquartier est une imposture écologique. Je n'ai rien contre les pistes cyclables, si lisses, mais l'arrogante vélocité des cyclistes devrait être mieux contrôlée, au risque d'arracher une oreille au vieillard si par malheur il s'aventure dans ce territoire sacré ! En architecture, les préconisations en vogue aujourd'hui dans les « écoquartiers » sont trop souvent pure infantilisation.

D'abord, cet engouement absurde pour les constructions « en bois ». Majoritairement du pin Douglas, chéri pour sa croissance rapide et son tronc rectiligne prêt à découper. Il suffit de le planter en lignes droites, en laissant entre deux rangées l'espace nécessaire pour faire circuler des engins, et le travail est fait : passent les machines, tombent les arbres, les débiter en planches par la suite est un jeu d'enfant. Même pas besoin de débroussailler, les engins écrasent sur leur passage toute forme de vie, éliminant par ricochet insectes et oiseaux. Évidemment, pour obtenir ces belles plantations, il faut sacrifier quelques forêts – le Morvan y a perdu la moitié des siennes. Préservation de l'environnement, vraiment? Quant à ses qualités de bois de construction, une fois traité, en extérieur au mode chimique, le Douglas peut durer dix ans, un peu plus que l'amour. Vous disiez « durabilité » ? Et ce ne sont pas les menuiseries en PVC ni le mode de construction prêt-à-monter façon bricolage américain qui rajouteront quelques années de vie à ces cabanes en kit, appelées à se dégrader avant que les enfants de leurs propriétaires soient entrés au collège. Je le prédis : les « écoquartiers » d'aujourd'hui seront les territoires perdus de la République de demain, à ceci près que les HLM des cités ont duré plus longtemps. On ne s'en gargarise pas moins de l'adjectif « durable », au mépris de sa signification réelle : « qui dure dans le temps ». De même que dans la novlangue créée par Orwell dans *1984*, le mot « Vérité » désigne la « Propagande », dans le langage Vert, « durabilité » signifie « éphémère ». Il fut même une époque où des confrères trouvaient gratifiant le mot éphémère, le déconnectant sans vergogne du consumérisme, cherchant l'arbitrage de cette irresponsabilité dans le champ de l'art contemporain… Mais la responsabilité de l'architecte n'est pas éphémère. La figure communicante de l'écoquartier vu sur une affiche est celle d'une ronde d'enfants multicolores entraînés par des mères « bonnes » au point d'ériger la démagogie en sauvagerie cynique déconnectant l'égoïsme politique de ces nouveaux imprudents de leur responsabilité citoyenne.

Au moins « l'écoquartier » entend-il rendre à ses habitants le plaisir d'évoluer dans un habitat à taille humaine ou de comploter pour attraper la femme du voisin ou le voisin lui-même dans le potager écopartagé. Finies, les cages à lapins sans âme de douze étages, où la promiscuité génère les tensions. Voici venu le retour aux villages d'antan. R+1, R+2, pas plus en tout cas que R+3[12] : les constructions y sont basses et les rues, aérées. Admettons. S'il est interdit de construire en hauteur, il faut donc s'étendre en surface. À moins d'imposer des maisons bâties sur pilotis, où trouver de la surface disponible, sinon en empiétant sur les espaces naturels et agricoles du territoire ? Ceux-là mêmes que le législateur s'évertue à faire préserver ? Au nom de l'environnementalisme, nous voilà donc poussés au consumérisme foncier, aux dépens de notre territoire commun. L'injonction contradictoire est le destin politique de l'homme blanc, toujours lui, pour encore échapper à sa culpabilisation, il faut le rappeler le plus souvent à l'image du wokisme panaméricain, milicien de ces injonctions…

La lèpre noire

Pour économiser le sol, débarrassons-le d'abord du goudron, authentique lèpre noire. Je suis sidéré par cet impensé écologique, autorisant à tour de bras la construction de parkings en surface, la réfection de routes et de rues de villages au moindre trou dans la chaussée.

Depuis trente ans, je me bats comme une hyène pour faire descendre les parkings là où ils devraient toujours

12 R désigne le rez-de-chaussée, et le chiffre indique le nombre d'étages au-dessus. À quinze le port d'arme est toléré.

être : en sous-sol. Architecte-conseil de la DDE et du préfet dans les années 90, j'en ai vu passer, des permis de construire prévoyant des parkings en surface pour les logements sociaux. Pour des raisons de rendement à court terme, les maîtres d'ouvrage HLM ne voulaient pas entendre parler de parkings en sous-sol – enterrer un parking, forcément, c'est plus cher que de bitumer 1 000 mètres carrés pour quarante places de parking. Plus d'une fois, nous avons failli en venir aux mains, car exiger des parkings souterrains était « antisocial et bourgeois ». Aujourd'hui, dans la construction publique, la pilule est enfin passée. Dans le privé, c'est une autre affaire, et nombre de prétendus « écoquartiers » affichent sans état d'âme des parkings bitumés en surface.

Quant aux rues et aux routes, la situation n'a pas évolué. Elle s'aggraverait plutôt, tout maire inquiet mettant un point d'honneur à afficher des revêtements impeccables et à tapisser de ronds-points son petit territoire afin de calmer ses atrabilaires électeurs. Une vitesse limitée à 30 kilomètres ne justifie en rien le luxe d'un irréprochable tapis de bitume noir, l'énergie fossile requise pour fabriquer du goudron n'étant pas plus propre que le carburant de nos moteurs. Combien de milliers, de millions d'hectares de sol sont recouverts de ce bitume dont la couleur, absorbant enfiévré des rayons du soleil, contribue à réchauffer l'atmosphère en été ?

La bitumisation entraîne une pollution des eaux dont personne ne semble se soucier. Que deviennent les souillures des rues de nos villes, des déjections canines aux hydrocarbures ? Emportées par la pluie, elles ruissellent dans les caniveaux, puis dans des canalisations puis débouchent dans des rivières, elles-mêmes rejoignant des fleuves qui se jettent dans la mer. On appelle ce circuit le « réseau pluvial ». Sait-on que les boues rouges de Gardanne, ces eaux de lavage des bauxites dénoncées avec raison par les Verts, ont néanmoins un taux de métaux lourds mille fois moins élevé que le pluvial de la ville de Marseille ? Lui-même mille fois inférieur à celui du Rhône à son embouchure, saturé du pluvial de toutes les villes de la vallée du Rhône ?

Sans bitume, toutes ces pollutions de surface seraient épongées, filtrées à microdoses par la terre. Qui s'en soucie, parmi les édicteurs de normes ? On sait pourtant que le recyclage des déchets active méninges et logiciels. Mais ces déchets non recyclables polluant rivières et océans sont tout simplement hors visibilité critique – et les écoquartiers affichent sans pudeur des rues goudronnées. Tous ces affronts à la logique la plus élémentaire rendent nerveux. Proposer un projet étudiant la possibilité de faire des rues en terre stabilisée est un combat perdu d'avance ! Pourtant la phobie des normes sournoisement revêtues d'innocence et autocontradictoires ne m'empêche pas d'être aussi écologiste. Mais je préfère croire au bon sens plutôt que d'appliquer des recettes sans preuve... parfois et surtout criminelles d'intelligence et de bien commun. En effet, ces normes coefficientées et gratifiées du bien commun autoproclamé sont au-dessus de toute critique, au point même que toute contestation devient « atteinte à la sécurité de l'État ».

Le grutier couche avec ma femme !

Je ne surligne aucun complot. Je souligne seulement l'aberration d'une normativité purement additionnelle, alors qu'elle devrait être structurelle. Adjointes, les normes se contredisent. « Sécurité d'abord ! » disent les eurocodes prêchant la sécurité, la RE2020 prône la sobriété. Dans un cas comme dans l'autre, la solution s'avère technologique – accumuler du matos. Obligation d'installer un détecteur de fumée dans chaque pièce de chaque appartement pour éviter tout risque d'incendie – y compris dans les planchers en béton, ignifuge et toujours impeccable, même après une attaque au lance-flamme LPO-50 modèle russe. Combien de tonnes de plastique, de gaines, de fils électriques pour fabriquer ces millions de petits gadgets ? Et l'on nous parle de sobriété. Le lobbying écologiste à Bruxelles a fait des dégâts écologiques irréversibles par le biais d'un consumérisme déculpabilisé instrumentalisé par les marchands du temple campant dans les couloirs de l'Europe.

Coulez du béton, encore du béton, pour que votre bâtiment résiste aux séismes, exigent les eurocodes au nom de la sécurité. Pour ne pas s'écrouler, vos murs doivent être surdimensionnés – sur ce coup-là, oubliée, la sobriété ! Les deux, pourtant, seraient tout à fait conciliables si l'on jouait plutôt sur la géométrie générale de l'ouvrage, pour le faire résister aux secousses horizontales. Mais c'est ainsi : dans les ouvrages de structure, si l'on applique les eurocodes, tout est surdimensionné, alors que les normes françaises sont plus économes en matière première. Elles sont même les plus brillantes en Europe. Eh bien non ! Il faut tirer le niveau vers le bas avec les nouvelles normes adaptées aux cancres en mathématiques et physique des matériaux, alors que nos ingénieurs sont les meilleurs en Europe (la France et les États-Unis ont autant de médailles Fields loin devant les autres pays du monde).

Les toitures végétales évangélistes au point d'être désormais intégrées dans les règles de calculs de la RE2020. Non contentes d'être esthétiques, elles contribuent à rafraîchir le bâtiment en été, à réduire les rejets d'eau pluviale, favorisent la biodiversité en milieu urbain, et j'en passe. Seul bémol signalé : si le substrat végétal est épais, les structures porteuses devront être plus solides pour les supporter. Secondo, à moins d'être en pleine terre, les végétaux ont besoin d'eau. En Normandie ou dans la Somme, le ciel s'en chargera. En revanche, dans la moitié sud de la France, ce n'est pas la même histoire ; il faudra arroser. Les jardiniers du Sud se trouveront à coup sûr fort aises de ces toitures végétalisées, les occupants de l'immeuble peut-être un peu moins – encore des charges à payer… et surtout toujours plus d'eau potable et plus d'engrais car l'enracinement sera faible, même avec des insecticides atomiques. Et le thermomètre monte semble-t-il.

Il n'y a pas de complot, non. Juste un affligeant défaut de compréhension globale – mais face à tant de bêtise et de complexité, serait-elle seulement possible ? Cette navigation à l'aveugle est pain bénit pour les habiles lobbys entendant faire pression sur des députés européens autistes et ravis de se voir simplifier la tâche par un mémoire savamment soufflé à leurs oreilles. Nous sombrons dans la boue des normes et c'est normal ! Elles se contredisent ? Au maître d'œuvre de concilier les inconciliables, d'être sobre en consommant toujours plus, au détriment de l'inflation des coûts de construction. Il faut refuser d'entrer dans ce jeu schizophrène déresponsabilisant le constructeur. Mes responsabilités, je les assume pleinement en m'imposant une obligation de résultat. S'en tenir seulement aux obligations de moyens est une démission politique. Refuser de séduire comme élève modèle de la barbarie néoenvironnementaliste devra un jour être reconnu d'intérêt national par l'ordre du Mérite !

Ceinture, bretelle et capote!

La bible normative fera cataclysme sur une maîtrise d'œuvre craintive et peu éclairée. Elle fera de lui un serviteur complaisant, en présentant l'immense avantage d'éviter de penser : à toute question sa réponse. Si la réponse fait défaut, c'est que le maître d'œuvre a tort. Penser mérite le fouet!

Le Mucem a bénéficié d'un maître d'ouvrage remarquable (le ministère de la Culture), il a compris que l'esprit d'imagination et le dépassement ouvraient la voie de l'exception. Lorsque j'ai conçu le Mucem, rien de ce que j'imaginais n'avait jamais été fait. Mathématiquement, physiquement, aucune des structures n'avait été bordée par le champ légal. Il s'agissait non seulement de tout inventer, mais de tout justifier, au risque de se faire évincer par le tout-puissant Bureau de Contrôle. C'était le risque de l'excellence et de l'inventivité hors norme du bureau d'études : il lui incombait de trouver les solutions techniques capables de convertir les formes que j'avais pressenties en structures compatibles avec le plus haut degré d'exigence en termes de solidité. Les calculs se sont *in fine* déployés sur des centaines de pages. Lorsque nous avons été élus lauréats avec mon confrère Carta à l'unanimité moins une voix, celle du futur directeur du musée ne voulant pas d'architecte français, les études étaient loin d'être abouties, et la maîtrise d'ouvrage tremblait de les voir refusées en cours de route. Mais elle n'a pas baissé les armes, et l'obstination a payé. (Idem pour le stade Jean-Bouin dont la couverture sans étanchéité était une première mondiale).

Pas moins de onze ATEx (appréciation technique d'expérimentation) ont été déposées pour construire le Mucem. L'ATEx est une procédure d'experts visant à faire approuver un procédé constructif en l'absence de retour d'expérience – en somme, à valider une invention, à obtenir le feu vert pour son expérimentation. Elle coûte cher, au minimum 12 000 euros. Autant dire qu'ATEx ne rime pas avec sérénité – ni pour le maître d'ouvrage ni pour la maîtrise d'œuvre. Le CSTB (Centre scientifique et technique du bâtiment) les délivre d'ailleurs avec parcimonie : en moyenne, une centaine par an. Mais, si peu usitée soit-elle, l'existence de cette procédure prouve qu'en architecture, il est encore possible d'innover. Ce CSTB est d'ailleurs un véritable outil d'invention pour la France; comme pour le CERIB (Centre d'étude et de recherche sur l'innovation du béton), ils sont les relais des nombreuses écoles d'ingénieurs que notre pays a la chance de posséder.

Ce goût du risque, hélas, se fait de plus en plus rare, et l'on observe plus souvent une tendance inverse : le renchérissement sur les exigences du champ normatif. Ceinture et bretelles ne suffisant pas, on exige en prime les surchaussettes, le coupe-vent, le gilet de sauvetage et pare-balles. J'en ai fait l'expérience, poussée jusqu'à l'absurde, dans la construction du parking en élévation Arena, à Bordeaux. Un magnifique parking à silo en béton blanc postcontraint, à caissons. Tout était conçu dans les normes, à la microannexe près, quand un bureau de contrôle imbécile s'avise de me titiller sur la sécurité incendie. « Vous n'appliquez pas la réglementation C+D ! » Et pour cause, elle ne vaut que pour les logements habités – un parking ouvert n'est pas un logement, que je sache. Il y est question de distance de matériau coupe-feu entre la façade du dessus et celle du dessous – le parking silo n'a pas de façade. Peu importe à l'inculte du bureau, rutilant par zèle autant que par ignorance ! Là est aussi inquiétante l'inculture juridique dans l'art de construire; laquelle influence les maîtres d'ouvrage loin eux aussi de ces savoirs techniques. La déresponsabilisation n'est pas acceptable dans les jeux de pétanque pourtant. Pourquoi le pouvoir de nuire n'est-il pas censuré ?

Résister

Le cauchemar ultime de notre époque serait de programmer dans une machine alimentée à l'énergie solaire un projet architectural « propre » en créant un bâtiment prêt à consommer. Un architecte docile comme une imprimante 3D, appliquant à la lettre non seulement les normes, mais les recommandations du calendrier de l'année et son horoscope ; des matériaux préfabriqués validés à Bruxelles qu'il suffit d'assembler en kit... Peu importe que le résultat soit laid, pourvu qu'il soit conforme aux canons administratifs et que le bâtiment soit livré le jour dit. Une machine autonome concevrait totalement une construction sans ingénieur, ni ouvrier ni architecte... Le fantasme du meilleur des mondes d'Aldous Huxley mais sans récit littéraire.

Les conséquences sur le chantier sont terribles : l'humain y est purement et simplement nié, et l'intelligence, l'expérience et l'intuition bannies. Architecte, ne pense pas ! Obéis. Maçon, range ta bétonnière ! La centrale fabrique un béton conforme aux eurocodes, garanti sans défaut. Menuisier, le rabot est de trop ! Les planches en pin Douglas sont prêtes à clouer, les fenêtres en PVC n'ont plus qu'à être posées. Aujourd'hui, l'exigence programmatique est armée pour la disparition des métiers. Est-elle inéluctable ? Je veux croire que non. Car cette disparition signerait aussi celle de notre intelligence collective.

La maîtrise d'œuvre se doit de continuer à penser, ou c'en est fini d'elle – et de l'ensemble des métiers et savoir-faire du bâtiment. Elle n'a d'autre choix que de résister. Si cet acte de résistance à la déviance d'une bureaucratie irascible plus proche de l'arrogance capitaliste que de l'écoute populaire n'est pas entendu, les méandres d'une administration naïve finiront par autodétruire les raisons de notre bien commun.

Nos jeunes architectes déjà infantilisés dans les écoles, s'ils en réchappent, n'évitent pas le crash du test réglementaire leur interdisant de créer, d'innover et de rêver !

Ce métier disparaîtra un jour. L'intelligence artificielle, véritable préservatif du désir architectural, réglera notre compte et son destin avec ! La fragilité du rôle politique de l'architecte était déjà actée. Maintenant dans le laminoir des règlementations félonnes c'est le corps entier des métiers du bâtiment qui est menacé. Peter Pan ou peluche souriante, tel est le visage aujourd'hui de l'architecte normocompatible. Ce sourire irresponsable est utile pour l'accès à la commande dans notre métier. Le jeune architecte l'a compris dès ses études.

06

S'ARMER POUR RÉSISTER

Les alliés, les ennemis

Quand HEC, la pépinière des futurs patrons français, affiche pour devise « Apprendre à oser », n'aspirer qu'à bien faire son travail semble une ambition au rabais. Si modeste soit-elle, elle relève aujourd'hui de l'exploit et, pour y parvenir, c'est un combat de chaque instant.

Écrivain, peintre, sculpteur ne dépendent que d'eux-mêmes pour « bien travailler ». Si la tâche doit s'effectuer à plusieurs, les choses se compliquent. Dans le BTP (et ailleurs), le travail « bien fait » n'est qu'un des trois membres de la Sainte Trinité Qualité - Coût - Délai. Nul n'aura la faiblesse ridicule d'exiger un travail « ni fait ni à faire ». Mais quand les priorités sont ailleurs, la qualité se trouve ravalée au rang de variable d'ajustement. Faire vite, moins cher et feindre d'ignorer la médiocrité. C'est à quoi je résiste, acharné, le couteau entre les dents, avec un pistolet à eau chargé au rhum martiniquais dans chaque poche. L'asphyxie réglementaire possède cette perversité consistant à anoblir la laideur si celle-ci est de bonne famille.

Dans un combat, il faut identifier ennemis et alliés. Les artisans sont de mon côté, ils aiment leur métier. Pour eux, bâcler la tâche relève de l'hérésie – même quand leur salaire est impacté par les délais. Pour l'entreprise qui les emploie, c'est une autre affaire. Conscience professionnelle ou pas, on n'aime pas perdre de l'argent. Quand les pénalités vous guettent au moindre dépassement de délai, on devient moins minutieux. Quant au maître d'ouvrage, c'est un peu la loterie, il peut être un allié ou notre pire cauchemar.

C'est après la signature du contrat que tout commence. Sur le chantier seulement, à l'épreuve du réel, chacun montre son vrai visage. La mission de l'architecte : démasquer les nuisibles et les combattre. Le courage manque à la profession d'architecte car ce métier est fragile. Il faut une tête, de l'estomac et du cœur. Si un seul attribut de cet équipage manque, le confrère disparaît… et c'est déjà ce à quoi ils sont programmés dans les écoles.

Les jeux du stade

Le stade Jean-Bouin, situé à Paris près du Parc des Princes, est une construction en abyme : tendue au-dessus des gradins, la résille en béton dessine une « ola » minérale inspirée de celle des supporters. Un travail maniériste, réalisé en jonglant avec les hauteurs maximales légales régies par le plan d'urbanisme. Pour suivre le projet de bout en bout, j'ai choisi de déléguer un jeune architecte de mon équipe, Christophe Kayser, que je savais fervent rugbyman – façon de le mettre en situation en lui permettant de concilier son métier et son sport. Passée l'euphorie d'avoir gagné le concours, je le vois s'assombrir dès les premiers jours du chantier. Je l'interroge, il finit par m'avouer : « Je ne le sens pas bien… Le directeur de chantier est agressif. Ça ne fait que gueuler. » En vieux singe, je décrypte sans peine : l'entreprise, comme souvent, met d'emblée la pression sur l'architecte pour le dominer. Rien que de très courant – le chantier est une corrida. De l'entreprise ou l'architecte, qui sera le matador, qui sera le taureau ? Qui saura imposer sa loi ? Le premier incliné dira oui à tout. Si l'architecte capitule, adieu la qualité : toutes les occasions seront bonnes pour niquer !

Inquiet, je regarde Christophe : « Combien tu pèses ? – Cent dix kilos. – Très bien. Tu vas gueuler plus fort, et tu auras la paix. » Sitôt dit, sitôt fait. Christophe a donné de la voix, et tout s'est apaisé. Comme par miracle, les tensions sont retombées, et quand je suis revenu aux nouvelles, il me dit, sourire jusqu'aux oreilles : « Nickel, c'est le bonheur, mais j'ai cassé ma montre en tapant sur la table ! » C'est simpliste, sans doute, mais aussi très humain – c'est la réalité du monde comme il va, avec ses rapports de force. Sur un chantier les métiers se côtoient et sont moins feutrés que dans les bureaux du tertiaire. Certains le déploreront. Pas moi. Grâce à cette riposte immédiate, l'équilibre relationnel a pu s'instaurer, et, avec lui, le plaisir de travailler. Dans la pathologie occidentale notre modernité culturelle ne survit que par son éloignement au réel. Ainsi l'archaïsme des rapports sociaux nous sauve l'âme dans sa trivialité la plus affectueuse.

De par mon métier d'architecte, j'ai un pied dans l'univers du chantier et celui des bureaux. Pour être policé, le second l'est, ça oui ! Dans une réunion, on vous accueille tout sourire, on vous offre un café, on hoche gravement une tête approbative, on satine le réel. Après une heure ou deux, vous repartez croyant avoir eu gain de cause. Le lendemain, vous recevez un recommandé en forme de couteau planté entre vos clavicules. Pour en revenir au stade Jean-Bouin, une fois le chantier terminé, le Stade Français – son propriétaire – signe avec la marque CAPRI SUN un contrat permettant à cette dernière, moyennant un chèque de quelques millions, d'apposer son nom sur l'enceinte. Consulté, j'expose mes conditions au cours d'une réunion : si une étude menée à vos frais montre que le « naming » peut s'adapter à la morphologie de la résille, ma réponse sera positive, et j'ajoute : quoi qu'il en soit, pas question de pancarte lumineuse. « Mais bien sûr, cher ami ! » La semaine suivante, un recommandé d'avocat oppose un « non » à toutes mes conditions et m'assigne. Je n'ai pas dit mon dernier mot, mais c'est une autre affaire. Les juges comprendront-ils que ce grand stade de rugby de Paris n'est pas le porte-enseigne d'un jus de fruits abstrait ?

Stade Jean Bouin, Paris – 2007-2013

Dans les rapports de force, je choisis le combat à la loyale, bien plus goûteux que la fourberie. Sur un chantier, une appétissante vigilance peut suffire à vous prémunir des coups fourrés. Bien sûr, l'entreprise a ses tactiques et ruses pour prendre le pouvoir. Mais un peu d'expérience et un œil averti permettent de les déjouer. Il y a quelques années, sur le chantier de la gare TGV de Nantes, l'une d'elles, ni vu ni connu, s'avise de monter des prémurs préfabriqués pour la cage d'ascenseur de la gare TGV de Nantes, en lieu et place de vrais murs en béton. Moindre coût, moins d'heures de travail, autant d'économisé. Un architecte détendu n'y verrait que du feu. Mais l'expérience, souvent reconnaissante, vous permet de reconnaître les mille et une ruses de l'entreprise pour noyer le poisson – pendant la visite de chantier, attirer l'attention sur des détails secondaires, pour mieux la détourner de ce qu'on veut cacher... Sur un chantier, entre gens de métier, difficile de tricher. Les fourberies sont visibles et exhalées. Le coupable démasqué, on gère les tensions avec flegme. À condition, bien sûr, d'être présent et vigilant. Le mal réalisé en douce, je n'ai pas eu d'autre solution, pour masquer cette brutalité, que de faire peindre les murs de l'ascenseur en peau de zèbre, rappelant la période esclavagiste de cette belle cité. Le métissage est un symbole d'harmonie entre les peuples... mais l'entreprise était un sacré zèbre !

Sans être nécessairement des fourbes et des félons, les administratifs délégués par le maître d'ouvrage ont souvent en partage une méconnaissance de nos métiers. Lors d'une réunion de chantier pour l'université Diderot à Paris, on me demande de fournir des plans « pédagogiques », car on se perd dans les niveaux indiqués sur les nôtres. Évidemment, je n'en fais rien : d'abord, j'ignore ce qu'est un *plan pédagogique*, je ne connais que les *plans d'architecte*. Ensuite, nous galopons déjà après le temps : s'il faut de surcroît vulgariser, nous y serons encore au siècle prochain. Les ingénieurs, les patrons d'entreprise et moi échangeons un regard entendu – sur ce chantier, au mieux, nous devrons régler tout seuls nos problèmes ; au pire, cet ensuqué va nous en créer à la pelle. Ce qui aura au moins le mérite de souder l'équipe pour faire face à l'incompétence et pouvoir travailler. Je le dis solennellement aux jeunes confrères : « Forcez vos clients à travailler un peu si vous voulez ne pas maigrir ! »

À moins que notre travail ne dérange… J'ai connu ce cas sur le chantier des Arts de l'Islam, situé dans la cour Visconti sur laquelle donnent les bureaux des fonctionnaires du Louvre. Gravats, poussière, grues, pelleteuses, il faut admettre que nous déparions dans le paysage. Mais il y avait pire : le fracas des engins, sans parler des ouvriers contraints de hurler pour couvrir le bruit des machines, devenait proprement barbare. Par notre faute, ces fonctionnaires de coton ne pouvaient plus se concentrer sur leurs ordinateurs et voulaient aux beaux jours travailler fenêtres ouvertes. Alors, excédés par la vulgarité du chantier, ils demandaient son arrêt – une journée par-ci, un après-midi par-là. À raison de 400 euros par personne et par jour de travail pour un effectif de 80 ouvriers – auxquels s'ajoutent les frais d'installation –, la facture grimpe vite. Celle que l'entreprise m'a présentée à signer s'élevait à la bagatelle de 300 000 euros environ.

Ce jour-là, le secrétaire général du Louvre eut droit à une petite visite de courtoisie, lors de laquelle je l'ai gentiment informé que cette facture, eh bien non, je ne la signerais pas. Que je comptais sur sa diligence pour aller trouver de l'argent dans les tirelires de son choix, et expliquer à qui de droit que ce léger surcoût était de son seul fait. Quant aux pénalités de retard, il pouvait les attendre jusqu'à la prochaine glaciation. De ce jour, le chantier n'a plus jamais été arrêté. Qu'en tirer comme conclusion sinon ceci : qu'à la méconnaissance du chantier s'ajoute une bonne part de mépris pour ceux qui y travaillent ? Peut-être s'imaginait-on, là-haut dans les bureaux, que les arrêts de chantier ne coûtent rien à personne, que les ouvriers en profitent pour se la couler douce en percevant des indemnités venues d'on ne sait où : péché d'ignorance. Ou bien on ne pensait rien du tout – un chantier, ce n'est pas du travail, c'est une nuisance. Et les nuisances, il faut les évincer… tout dans la posture bureaucratique témoigne du mépris du travail et de ceux qui le produisent. C'est tout de même une caractéristique jacobine amplifiée par l'incompréhension du monde du chantier. Il faudra bien un jour comprendre qu'ils sont citoyens honorables eux aussi !

Après la pandémie de covid, je pencherais plutôt pour la seconde hypothèse. On se souvient peut-être de la mémorable algarade de Muriel Pénicaud à l'encontre des organisations du bâtiment demandant un arrêt temporaire des chantiers, en mars 2020. « Défaitisme », « manque de civisme » : nous étions fustigés en place publique pour avoir voulu protéger nos ouvriers, alors que les fonctionnaires de l'État, dociles, « télétravaillaient » tranquillement en caleçon. Sans doute Mme Pénicaud ignorait-elle que pour porter une charge lourde, on travaille épaule contre épaule en soufflant très fort, sans le mètre de distanciation requis. Que dans une camionnette ou un camion, on s'entasse vaillamment à cinq ou six. Après le discours martial du président, « Nous sommes en guerre ! », les ouvriers étaient tétanisés de peur – comme nous tous. Mais ils n'avaient pas droit à être protégés, car aux yeux des bureaucrates, ils sont invisibles. Le « quoi qu'il en coûte » du président ne concernait pas les travailleurs sur les chantiers. Contrôlé par la police en rejoignant un chantier, je me sentais tel un « dealer » !

Le mot « valeur » est devenu grossier. On lui trouve des relents passéistes, mâtinés d'extrême droite. La valeur n'est pas souple, elle ne courbe pas l'échine, elle ne se contorsionne pas, elle n'est pas soluble dans le dogme, la bien-pensance ou le cynisme. Elle résiste, donc elle dérange. J'affiche les miennes en porte-drapeau. Elles sont boussole dans l'exercice de mon métier, et tant pis pour ceux qui ne les partagent pas. Sur les chantiers l'acoustique des voix n'est pas celle de France Culture, sirupeuse, posée, atrabilairement bienveillante. On ne peut tricher sur les valeurs... et là est la beauté de ce monde de vrais travailleurs car la laideur des autres ne les épargne pas.

J'ai consacré un livre à la première d'entre elles, dont le titre dit tout : *L'Exil de la Beauté*[13]. Pour m'en tenir aux faits, je cite souvent ce chiffre : nos façades ont perdu 99 % des détails, des « signes », ceux de leur singularité, 99 % du lexique pour les nommer, et avec, les outils, les pratiques, les métiers permettant de les réaliser. En architecture, l'uniformité signe souvent la mort de la Beauté. Pour retarder son agonie, j'invente, et je ne permets à personne de m'en empêcher. Ce qui donne parfois au chantier des allures de maquis, dans une internationalité des langues, des physiques, des codes... un truc utile ! Rare domaine social, le chantier partage des expériences sociales utiles à la compréhension des cultures et devient résistant à la niaiserie de la globalisation mais moteur du dialogue des cultures.

Les résistants avaient le maquis des Glières, celui du Vercors, celui du Mont-Mouchet. Les nôtres sont plus à

13 Paris, Éditions Textuel, 2019.

découvert. À Chartres, capitale de la Beauce, le combat s'est mené pied à pied sur le chantier du Palais des Expositions. La plus grande bataille, celle du Drapé, eut pour héros des ingénieurs et un artisan maçon. Tout part d'une vision : celle d'un mur dont les ondulations évoqueraient le drapé des sculptures, un mur dont la solidité massive se ferait oublier dans un mouvement sensuel au féminin. Armés de leurs outils numériques, les architectes en réalisent avec brio une simulation – car la « valeur Beauté » n'est pas une négation du progrès. Un maître maçon avait déjà relevé ce défi pour une cave viticole, il déploie tout son savoir-faire pour concevoir le coffrage qui saura plier le béton à nos exigences. Par un travail de moulage il en sort un pan de drapé massif d'une souplesse miraculeuse. L'entreprise en charge du chantier en convient, mais cette technique ne lui revient pas – comme tout ce qui se hasarde hors des clous. « On peut faire bien plus simple ! » Des murs préfabriqués ne seront pas un problème, assure le directeur de chantier, et au moins il sait où il met les pieds. À l'approche du désastre à venir, je tente de l'en dissuader, en vain. Et hop ! Les murs s'alignent, sans moufter. Quant aux ondulations, elles se sont dégonflées.

Alors ? L'entreprise fait appel à un sous-traitant espagnol connu pour maîtriser une technique qu'elle-même ne pratique pas : « Pour adoucir les angles et rendre l'effet ondulé, il suffit de projeter du béton ! » Très facile à dire, beaucoup moins à faire : poser du treillis sur 130 mètres de longueur et 10 mètres de hauteur, y projeter le béton, avec plusieurs couches nécessaires pour obtenir l'effet désiré… la simplicité se mue en capharnaüm et les coûts grimpent en proportion : 240 euros le mètre carré, quand la solution initiale que je défendais se chiffrait à huit fois moins. Censée faciliter la tâche et économiser, l'option « industrialisation » s'est ici révélée parfaitement dramatique. Seule une solution artisanale, pensée pour s'adapter sur mesure au problème, était à même de concilier Beauté et Simplicité. Seul hic : le mot « artisanal » n'a plus cours dans le lexique du BTP d'aujourd'hui. Même les cadres de l'ingénierie en ont peur comme si c'était de la sorcellerie.

Une fois ce désastre financier consommé, restait à passer l'étape Bureau de Contrôle. Lequel s'est évidemment étranglé : « Comment ! Mais d'où vient ce béton ? – Chef, de nos bétonnières ! Mais nous en ignorons les vertus mécaniques ! Il ne sort pas des centrales... » Eh non. Pour l'entreprise, c'est donc double peine : pour avoir refusé la solution artisanale, conciliable avec un béton normé, elle s'est mise en position de se faire retoquer par le Bureau de Contrôle, qui ne connaît pas la technique du béton projeté. L'histoire finit bien : tout récemment, les tests de convenance ont été acceptés et les résultats sont très satisfaisants. Je veux rendre hommage au travail de l'architecte Enzo Ricciotti qui a su diriger, définir et contrôler cette épreuve grâce à sa présence accrue sur le chantier et son professionnalisme attentif. Il jouait sa peau car chez les Ritals on ne rigole pas !

Mais cette *conclusion heureuse* pour le bâtiment n'en est pas une pour l'entreprise financièrement pénalisée, victime de difficultés existentielles autoprovoquées par un cadre autiste persuadé que l'acte artisanal n'a pas la valeur du geste industriel. Être techniquement réactionnaire porte encore les vertus d'autonomie et de résistance pour éviter la disparition de la discipline architecturale.

Il est des cas où seule la force brute permet de résister au délire du « préfabriqué ». J'ai déjà évoqué ailleurs celui de l'escalier du musée des Arts de l'Islam, au Louvre. La vision était celle d'un escalier organique sublime, s'élevant avec une légèreté et une grâce d'hirondelle au-dessus du sol sacré du Louvre. Faisant appel au savoir-faire expert de la charpenterie de marine, le moulage en bois à lui seul atteste de l'œuvre d'art. Plus épais vers le bas où la masse de l'escalier à soutenir est plus lourde, et s'affinant progressivement à mesure qu'elle s'allège vers le haut. L'intelligence prodige de la matière. Cette subtilité n'a d'égale que la technique de maçonnerie, consistant à injecter le béton par le bas, afin de faire lentement remonter vers la surface les bulles d'air qu'il contient… Lentement, oui, et le maître d'ouvrage s'impatiente. « Vous nous faites perdre du temps ! Ça suffit. Prenez un escalier standard préfabriqué. » Cette fois, j'ai cogné : « Si c'est ça, faites-le vous-même. Et n'oubliez pas d'inscrire votre nom dessus ! » Le maître d'ouvrage représenté par une femme fut vexé, me menaçant via le bras long de son mari… mais j'ai gardé cet escalier, chef-d'œuvre de génie civil. L'affaire m'a marqué. Si le Louvre lui-même, censé être l'ultime rempart contre la dilution de la Beauté dans la marchandisation, n'éprouve plus de désir pour elle ; s'il est le premier à rendre les armes devant l'alliance mortifère Coût - Délai, pourrons-nous longtemps maintenir la flamme de la Résistance ? Avec le Beau, devrons-nous sacrifier notre inventivité, notre mémoire et nos savoir-faire… tout en gardant le sourire sardonique de la Joconde en subissant les outrances du pouvoir ? Sommes-nous condamnés comme Jean Valjean de Victor Hugo à récupérer la pièce de cinq sous et fermer notre gueule ?

Mieux vaut manger de la pasta !

Attention, toutefois : je ne suis pas prêt à tous les excès, de matière et d'argent, pour satisfaire l'idéal de beauté. Dans « ouvrage public », le mot « public » interdit toute prodigalité – on ne joue pas avec le Bien commun. Pour construire, l'on est tenu de préserver, éthique non moins qu'économie. C'est pourquoi je répugne à détruire, à faire table rase du passé pour bâtir du nouveau.

Les Parisiens connaissent les Grands Moulins, ces grands silos à blé construits au début du XXe siècle à deux pas de la Seine dans le XIIIe arrondissement. Jadis, on y fabriquait la farine pour les habitants de la capitale. En 1996, le ministère de l'Éducation décide de reconvertir ce site industriel tombé en désuétude en campus universitaire : l'université Denis-Diderot. Selon les Bâtiments de France, consultés pour la rédaction de l'appel d'offres publié en 2000, l'édifice en lui-même « ne présente aucun caractère patrimonial »; il est voué à être rasé. Ce jugement lapidaire empeste le mépris. Pas d'intérêt patrimonial, vraiment? Parce qu'il date seulement du début du XXe siècle? Parce qu'il est en béton, donc forcément construit sans valeur d'esthétique? Voilà qui est injurieux pour son architecte, Georges Wybo, à qui l'on doit entre autres le casino de Deauville, l'hôtel George-V et une partie du Printemps Haussmann. Il a de la dignité, ce quadrilatère de béton, avec ses hautes façades de style classique, ses toitures à la Mansart en béton et ardoise, son lanternon! Quant à l'injonction à détruire, je suis peut-être une grande gueule, mais je ne suis pas Attila.

Dans le projet, j'ai gardé les façades, quitte à se faire débouter. Mieux : j'ai joint au projet une photo du bâtiment sous la neige, convertie en carte postale censément d'époque, sur laquelle j'ai collé, ultime désillusion, un timbre d'aujourd'hui. Il faut croire que le maître d'ouvrage a goûté cet humour politique et compris le message, puisque ce projet fut retenu, l'humour est une arme si l'architecture est sport de combat.

Grands moulins de Paris - Restauration, restructuration et extension – 2001-2006

Depuis 2000, date de cet appel d'offres, l'eau a coulé sous les ponts. On admet désormais que la destruction est un caprice de riche. Raréfaction des ressources, préservation de l'environnement… Il est aujourd'hui légitime de recycler – les bâtiments eux-mêmes, et leurs matériaux. C'est heureux : un combat de moins à mener ! Mais que l'on pousse plus loin l'économie. Les ressources manquent, c'est acté. Eh bien adaptons-nous, comme l'ont fait tous les bâtisseurs depuis la nuit des temps : construire avec les matériaux dont on dispose. L'*arte povera* a aussi sa Beauté, fille de Nécessité…

Un exemple pris au hasard : pourquoi poser des faux plafonds dans les bâtiments de bureau ? Tout justifie qu'on les supprime : la gabegie de matière ; les panneaux transformés en cauchemar car il faut les déplacer, donc les esquinter, pour accéder au réseau de tuyaux dissimulé derrière leur peau sensible. On invoque des raisons esthétiques mais dans les salles de spectacle, bizarrement, on n'a pas ce genre de pudeur. Au-dessus de la tête du spectateur circulent les réseaux électriques et de désenfumage, du traitement de l'air. Nul ne songe à s'en plaindre : peints en noir comme l'est la charpente, ces intestins à nu recèlent une part de beauté.

Appauvrir n'est pas enlaidir. C'est ôter le superflu pour ne conserver que le nécessaire. Nécessité fait loi, l'*arte povera* était la noblesse du pauvre.

Pour la France, pour l'Europe

Aussi surprenant que celui puisse paraître, le répondeur téléphonique de notre agence chante la Marseillaise. Petit-fils d'immigrés italiens, j'éprouve pour notre pays d'adoption une reconnaissance inconditionnelle. Et cette reconnaissance passe par la préservation de ses valeurs, dans la mesure de mes moyens. Protéger sa culture, ses savoir-faire, son économie aussi. La France s'est désindustrialisée ; tant pis pour elle. Elle s'en mord les doigts. La tendance nouvelle est à la réimplantation d'industries dans notre territoire. Très bien. Mais éviter aux entreprises qui subsistent en France de mettre la clé sous la porte me semble encore plus urgent. Depuis que je suis architecte, j'y contribue de mon mieux, et c'est paradoxalement un combat quotidien.

Ce combat peut être cocasse, tel celui qui a privé les Mutualités des lavabos et des toilettes dont elles rêvaient. Ce jour-là, réunion au sommet : il faut choisir les sanitaires des futurs bâtiments. Maître d'ouvrage et représentants du personnel soumettent les propositions ; chacun s'exprime avec passion ; j'écoute. Le tour de table terminé, je pose une question : « Parfait ! mais ces modèles, où sont-ils fabriqués ? – Celui-ci vient d'Allemagne, ces deux-là de Suisse, celui-ci de Hollande… » J'interromps l'énumération : « Qu'est-ce qui est fait en France ? » On désigne du doigt d'autres échantillons. Chacun de s'esclaffer : « Ha ha ! C'est le plus laid ! – Oui, mais c'est justement celui-ci qu'on prendra. » Vent de protestations dans la salle, me laissant de marbre. C'est ainsi : pour les toilettes, entre « beau » d'importation et « usuel » fabriqué en France, je choisis par principe le travail d'une entreprise française, aux dépens de la grimace du maître d'ouvrage, en lui rappelant que, mutualiste, il encaisse les cotisations des travailleurs de France.

Dérisoire, un combat pour des sanitaires ? Alors, que dire de cet autre, livré pour des poignées de portes ? Sept cents paires de poignées, tout de même, pour un grand chantier parisien – celui de l'université des Grands Moulins, évoqué plus haut. J'exige des Fuseli, une marque italienne. L'entreprise me présente des échantillons : parfait. Puis d'autres, identiques. Je m'étonne : « Quelle différence ? – Aucune, sinon que les secondes sont beaucoup moins chères. – Pourquoi ? – Parce qu'elles sont fabriquées en Chine. – Eh bien, vous prendrez les plus chères. D'abord parce que l'Italie est un pays frère. Ensuite, parce que je ne suis pas un traître. L'entreprise Fuseli a une légitimité depuis plus d'un siècle. Ces poignées, elle les a créées. Je refuse qu'on achète des copies chinoises sous prétexte d'économies pour l'entreprise. » L'entreprise n'a pas apprécié – elle n'a d'ailleurs pas compris. Il faut toujours rester fidèle à ses origines.

Elle n'est pas la seule. Ce genre de scène fait partie de mon quotidien : sous prétexte d'économie, on cherche à imposer des produits fabriqués en Inde, en Chine, en Turquie ou ailleurs. Je m'y oppose systématiquement, exigeant pour tout composant – sanitaires, poignées de porte, carrelage, menuiserie – un certificat de fabrication. France et Europe, d'accord ; en dehors, la réponse est non. On me regarde de travers, je me demande bien pourquoi. On incite à consommer des légumes, des fruits, des viandes ou du pinard local et il faudrait fermer les yeux sur l'origine des composants de la construction ? Faites travailler les paysans français – mais pas les artisans ? N'importez pas de fruits et légumes du Mexique, ça pollue la planète – mais pour les cuvettes de WC et autres lavabos, passez commande en Chine ? Certains s'accommodent de tels paradoxes, pas moi. Mettre ses mains mesquines dans l'impur anoblit !

Après tout, c'est bien elle qui a payé le prix des sept cents poignées de portes Fuseli. Il ne m'en a rien coûté, à moi ! Sans doute, mais précisons que les poignées italiennes étaient celles stipulées par contrat. En achetant chinois, le patron de l'entreprise espérait gratter un peu ; je l'en ai empêché et il m'en a voulu. Jusqu'au jour où il a compris qu'en cas de force majeure, je pouvais devenir son plus sûr allié.

Ce jour-là, je reçois de lui un coup de fil affolé. « C'est la catastrophe... Je me suis complètement planté dans mon devis, pour les faux plafonds. La fourniture va me coûter trois fois plus que le prix indiqué. Je me prends dans la vue 200 euros du mètre carré ! » Silence. Sachant qu'il y a la bagatelle de 15 000 mètres carrés à équiper en faux plafonds, le calcul est vite fait : l'entreprise va perdre 3 millions d'euros. Sa condamnation à mort est programmée. Le directeur des travaux poursuit : « J'ai une autre proposition à vous faire. On prend un format plus petit, 60 + 120. Et là, je m'y retrouve à peu près. » Je lui demande de me lister les changements induits par ce nouveau format. Inconvénient : aucun. En revanche, beaucoup d'avantages. Qui dit grands panneaux dit manipulation délicate, avec risque de voile ou de torsion. Le petit format réduit ces risques ; la pose en est en outre beaucoup plus facile, donc plus rapide, de ce fait moins coûteuse. Quant à la dépose, quand il faut ôter un panneau pour une réparation électrique ou autre, la déformation, avec le grand format, est quasiment inévitable. Pas avec le petit. En somme, on y gagne sur toute la ligne.

Réunion au sommet avec le maître d'ouvrage délégué par le ministère de l'Éducation. J'expose le problème. La réponse tombe, laconique : « Mettez ce qui est prévu par contrat. » Pas plus surpris que ça, je passe la parole au patron de l'entreprise afin qu'il énumère ses arguments. Le maître d'ouvrage l'écoute, puis lâche d'un ton agacé : « Peu importe. On s'en tient à ce qui est écrit. » Je me penche vers lui par-dessus la table et, détachant bien mes mots : « Vous l'avez compris : si on ne change rien, l'entreprise va payer trois fois le prix indiqué. – Je me sens responsable. » Le patron devient blême. Je lance ma dernière carte : « Ce faux plafond, il est fabriqué où ? – En France. » Je me tourne vers le maître d'ouvrage : « Vous avez entendu ? Il est fabriqué en France. Donc il fait travailler des ouvriers français. Argument d'ordre moral complémentaire : j'exige les petits panneaux. » Le maître d'ouvrage public est reparti fou furieux de cette réunion et m'a toujours sali auprès du ministère. Mais les petits faux plafonds français ont été posés. L'entreprise n'a pas plongé. L'université Diderot ne s'en porte pas plus mal – et même, sans doute, plutôt mieux dans ses coûts de maintenance. Être mesquin dans l'intérêt de l'argent public valorise sans peine.

On tirera de cette anecdote les leçons qu'on voudra. Elle est la preuve que le monde du travail peut devenir, le plus légalement du monde, le haut lieu de la barbarie. Posez sur la balance : à gauche le respect d'un format pouvant être différent sans conséquence aucune ; à droite la survie d'une entreprise. Si, au nom d'un contrat, la balance penche à gauche, c'est que toute valeur humaine s'est envolée. Pourquoi ? Parce que l'Autre n'a pas d'existence à vos yeux. Parce que vous ignorez tout de lui – son travail quotidien, les exploits qu'il réalise pour le mener à bien, les risques auxquels il fait face. Parce que pour vous, le mot écrit s'est définitivement substitué à la chose qu'il désigne, l'écran à la réalité, la carte au territoire.

Ce dont nous préserve à jamais le monde du Chantier. Il n'est pas un monde fictif pardonnant nos égoïsmes. Il est la contingence des évidences sociales avec honneur et fidélité.

J'ai dans le BTP une réputation d'emmerdeur appliqué. Pas auprès de ceux qui connaissent et partagent mes valeurs – architectes de mon agence, ingénieurs des bureaux d'études, compagnons, ouvriers... Mes protestations ne s'adressent qu'aux gradés de la bureaucratie et des cadres d'entreprise de construction lorsqu'ils nous empêchent de travailler sereinement. Pour un architecte du BTP, « bien travailler » consiste à offrir la meilleure réponse possible à une commande par définition singulière : on construit pour quelqu'un, dans un lieu et un contexte précis, avec des objectifs déterminés. Ce qui requiert par définition du sur-mesure.

Alors qu'il ne construisait encore que des ponts, Eugène Freyssinet écrivait :

« Bien sûr, il ne fallait pas s'en tenir à des formes classiques, il fallait en découvrir qui utilisent au mieux les conditions locales. J'y arrive en rêvant longuement, faisant et refaisant d'innombrables croquis, avec une liberté de pensée et de forme aussi totale que si j'étais le premier homme chargé de construire des ponts ; dans le plus absolu mépris de tous les précédents. Après cent tentatives, une idée jaillie de mon subconscient s'impose à moi comme la seule possible[14]. » Que l'archange Gabriel veille sur l'âme d'Eugène.

Il faut reprendre à son compte ce credo : le sur-mesure nécessite d'inventer. C'est ce que s'ingénient à empêcher ceux que je gratifie de mes vindictes énergiques. Je ne conteste pas les normes. Je conteste les solutions de facilité qu'elles incitent à privilégier pour s'assurer le satisfecit d'un pouvoir abstrait ne signant jamais ses exactions. Un escalier préfabriqué. Des murs préfabriqués. Des composants préfabriqués. Le résultat sera forcément

14 Eugène Freyssinet, *Un amour sans limite*, *op. cit.*, p. 25.

solide et conforme. Est-il pour autant le plus adapté ? Je me permets d'en douter. Sauf que tout converge vers les accumulations des plus puissants. Le capitalisme n'a plus besoin de soutien pour sévir. La bureaucratie publique est devenue son milicien le plus cruel.

Glissons sur ce que certains qualifieront de caprices d'artiste – rien ne m'oblige à proposer des murs en forme de drapé, ni à exiger qu'un escalier soit un chef-d'œuvre du génie civil. Soit. Mais dans des domaines rien moins qu'artistiques, relevant de la seule ingénierie, l'inventivité devrait être un absolu. Un exemple : la thermique, sujet clé dans le contexte du réchauffement climatique. Pour peu qu'on daigne les sonder, nos sols recèlent des trésors de chaleur exploitables en hiver, de fraîcheur pour l'été. On peut y accéder par des systèmes de puits et autres pieux géothermiques, qui restent à ajuster en fonction du lieu – certains s'y prêtent davantage que d'autres. Les recommandations incitent-elles à développer ces pratiques ? Non. On en reste à devoir piocher dans la panoplie de solutions en vigueur, évidemment poussées par les lobbys qui les vendent (les machines). C'est ainsi que des hectares de champs où poussait jadis la lavande se trouvent tapissés de panneaux solaires non recyclables. La lavande a été classée toxique pour les chats et l'eau de mer ! Donc les champs disparaissent les uns après les autres ! La géothermie devrait être obligatoire, me disait Olivier Garcia, l'ingénieur thermicien qui a équipé le Mucem. Mais il est plus commode de faire nigaud. Heureux les insouciants ! Dans les années 90, les premières interprétations réglementaires amenaient à climatiser les logements sociaux… j'ai dû me battre pour résister à cette obscénité.

C'est cette invitation à l'inertie que je récuse. Les coups de gueule ne suffisent plus ; il faut agir, ou plutôt « en découdre ». Le combat à mener est au fond assez pacifique : il consiste à privilégier l'exigence créative. À commencer par celle des autres, que la pusillanimité ambiante s'empresse d'ignorer. Gloire à l'ingénieur Yves Malier[15], inventeur du BFUP[16], ce béton révolutionnaire permettant de multiplier par cinq les performances en matière de solidité et de ductilité, tout en réduisant proportionnellement la quantité de matière nécessaire – le tout, grâce à l'adjonction de fibres métalliques. Mon intuition me souffle de lui faire confiance. La Corée du Sud s'avérant moins frileuse que la France, Yves Malier et moi concevrons ensemble en BFUP cette première mondiale qu'est la passerelle de la Paix à Séoul, livrée en 2002. Portée : 100 mètres. Épaisseur du tablier : 3 centimètres (hors nervure). Contrairement à beaucoup d'autres, ce pont a résisté à tous les séismes, et le BFUP fait aujourd'hui partie de notre paysage ordinaire.

Au béton de fibres métalliques succède déjà peut-être le béton de terre, très porteur d'espoir, qu'étudie aujourd'hui l'ingénieur Romain Ricciotti. En attendant, le béton de fibres naturelles commence à faire son chemin. Parmi les premiers à bénéficier de cette nouvelle matière, un collège construit dans le Nord. La fibre étant du chanvre, les professeurs imaginaient inquiets les élèves en train de fumer les murs !

Et je ne parle ici que des bétons : combien de domaines restent à explorer, pour qui a le courage de s'affranchir des dogmes… à l'exemple des Romains, l'on parviendra à gérer tous nos déchets bientôt.

15 Ancien directeur de l'ENS Cachan, aujourd'hui membre de l'Académie des technologies.

16 BFUP : béton fibré ultraperformant.

CONCLUSION

Ne pas crever !

En matière d'architecture, l'invention n'est pas une fantaisie exquise. Elle est obligation morale. De l'architecte au maçon, du technicien à l'ingénieur, le travail n'a de sens que s'il permet à chacun de donner sa pleine mesure, et de repousser ses limites. Avec ses ossatures aux formes improbables dont le craquement de rotules fit trembler les douze maçons de la précontrainte et faillit me mener au suicide, ses dentelles en béton, ses onze Atex auraient pu être autant de refus, le Mucem ne fut pas seulement un des plus passionnants chantiers de ma vie. Il reste dans la mémoire de ceux qui l'ont vécu une expérience proprement métaphysique. Tout semblait infaisable. Porté par l'enchantement collectif de ce projet insensé, chacun a pourtant accepté d'embrasser l'impossible en le dépassant. Le soir, les engins endormis, assis sur le toit de la baraque de chantier autour d'une pizza et de quelques bouteilles de châteauneuf-du-pape blanc, nous regardions le large en écoutant les vagues et nous étions naïfs et heureux. Le matin, vaillants, nous nous donnions l'accolade comme des frères d'armes avec l'humour grossier et digne. Tout n'était que bienveillance et fraternité – entre les ouvriers, les compagnons, les cadres du chantier, et même le maître d'ouvrage heureux de venir nous visiter. C'est incroyable ? C'était chaleureux ? Et je n'ai jamais revécu cette ambiance éthylo-fraternelle.

La mer, dans son autorité bleue, nous sommait d'être à la hauteur. Elle était notre transcendance. Sans la complexité de l'ouvrage, sans la ferveur et l'excellence de chaque discipline et métier, ce beau voyage n'aurait pas existé. Chacun en est sorti grandi, l'humilité coupable nous avait éloignés de la mauvaise conscience.

Pour les quelques années qu'il me reste à exercer en tant qu'architecte, je veux faire en sorte que cette magie ne meure pas. Ces murs ondulés, ces volées d'escalier gracieuses comme des hirondelles, ces ailes de libellule, je les dois à ces maçons, ces ingénieurs du réel, ces coffreurs, ces maîtres verriers n'aspirant qu'à livrer le meilleur dans leur savoir-faire et que l'on voudrait réduire à l'anonymat d'une tâche. Le combat que je livre est désormais pour eux, pour que vivent leurs métiers, et pour qu'une nouvelle génération leur succède sur ces chantiers qui sont notre abbaye de Thélème. Rabelais, dans cette utopie, ce monde clos, y développe une satire de la société, un idéal de vie communautaire s'éloignant du vice... C'est déjà nouveau pour nous tous !

À mes collègues architectes, qui depuis plus de quarante-deux ans, travaillent ensemble sur nos projets je dois beaucoup et ne l'oublierai pas. L'oubli est un salaud, il efface la transmission, piétine la culture de compagnonnage dont le XIXe siècle regorgeait. Aujourd'hui, la modernité viserait le droit à la paresse... je ne comprends plus.

Le droit d'être honoré par son travail me parle davantage.

Table des matières

Provoquer le réel 7

Dragon dans le ring 37

Bataille ! 39
Pitié ! 45
« Ricciotti, on ne m'a pas demandé ! » 50
Le mannequin de Noël 52

Tous ensemble, frères d'armes 61

Amour est souffrance 63
Unis par le danger et l'effort 64
La fonction l'emporte sur le grade 66
Laisse dire ! 71
Mauvaise foi 73
Une main lave l'autre 77

Passage à l'acte et tyrannie 83

La mémoire perdue 85
La libellule ne volait que d'une aile 89
Autres temps, autres maîtres 92
Le temps du politique 93
Promoteurs, enculés ! 96
Orage ! 98

Psychanalyse de l'huître **105**
Ultima ratio populi 107
L'énigme de Kaspar Hauser 109
Construction paranoïde : H1, H2, H3 111
Orwell m'a tuer ! 114
La lèpre noire 116
Le grutier couche avec ma femme ! 118
Ceinture, bretelle et capote ! 121
Résister 123

S'armer pour résister **127**
Les alliés, les ennemis 129
Les jeux du stade 130
Mieux vaut manger de la pasta ! 140
Pour la France, pour l'Europe 144

Conclusion **153**
Ne pas crever ! 155

Crédit iconographiques :

© Agence Rudy Ricciotti : p. 14-15, © Olivier Amsellem : p. 30, 31, 132-133 ; © Jean-Claude Carbonne : p. 54 ; © Kévin Dolmaire : p. 87 (haut) ; © Theo Coutanceau Domini : p. 20-21, 87 (bas) ; © Frédéric Hedelin : p. 86 ; © Musée du Louvre/Antoine Mongodin : p. 48-49 ; © Hélène Peter : p. 34, 35 ; © Lisa Ricciotti : p. 22, 23, 41, 46 ; © Philippe Ruault : p. 55, 74, 75 ; © Paul Raftery : p. 142-143 ; © Mario Sinistaj : couverture.

Direction éditoriale
Nicolas de Cointet

Maquette
Adrienne Bornstein

Relecture
Pierre Rochelois

Fabrication
Jeanne Arbousset

Photogravure
IGS

Imprimé et façonné aux Pays-Bas par
Wilco

ISBN : 978-2-226-50193-6

Éditions Albin Michel, 22 rue Huyghens, 75014 Paris

www.albin-michel.fr

Pour tout renseignement
nicolas.decointet@albin-michel.fr

Instagram :
albinmichel_beauxlivres

Linkedin :
@Albin_ArtBooks

TikTok :
@albin_artbooks

Facebook :
@AlbinMichel.beauxlivres

X :
@Albin_ArtBooks

Catalogue :

bit.ly/extraits-beaux-livres